母と娘へ、この本を捧げます。

料理集

定番

料理・写真・文　細川亜衣

アノニマ・スタジオ

目次

だし・スープ・調味料

和

食材、調味料、だし、調理道具について

この本のレシピは、私が愛用している調味料やだしなどにより支えられている。しかし、各家庭で使い慣れた調味料やだしがあれば、それらに合わせて少しずつレシピを変える方が理にかなっている。家庭の料理は無理なく、柔軟に、が一番である。

食材

生産地、生産者、鮮度などにより個体差があるため、同じレシピで作っても、使う食材や調味料、熱源、調理道具との組み合わせにより、味やできあがりの量が変わってくる。作るたびにその差を楽しみつつ、途中で味見をしながら、料理をしてほしい。味見はおいしく料理を作る上で、要である。

塩

世界を旅しながら、好みの塩を見つけ、日々の料理に生かしてきた。粒の粗さ、塩味の強さ、食感などにより、料理に合わせて、また気分によって使い分けている。仕上げにふる塩は、まろやかな甘みがあり、すぐに溶けにくい粗塩を使う。

こしょう

塩と同じく、旅先で様々なこしょうを手に入れ、それぞれの香りを生かした使い方をしている。

酢

種類を明記していない場合は、米酢、ワインビネガーなど好みのものを。

油

米油、菜種油、ごま油、オリーブ油などを料理により使い分けている。

バター

有塩、無塩、発酵など、料理との相性はそれぞれあるが、家庭料理の場合はいずれか一つを選び、加える塩の量などを調整して使うとよい。

だし

和風の料理には「昆布といりこのだし」(p.21)、中華風の料理には「中華だし」(p.205)を使っている。

調理道具

レシピに書いてある道具がない場合、あるいは作る分量や台所の事情により他の道具に変えた方がいい場合は、柔軟に考え、かわりになるものを使う。

料理を始める前に

カップは200ml、大さじは15ml、小さじは5mlを表す。

材料の分量は、基本的に重量で表している。これは、本の読者や料理教室に来てくださる方が、少しでも私の作る味に近いものを作れるようにとの思いからである。しかし、同じ分量でもできあがりの味が同じになるとは限らないため、あくまでも目安としてとらえてほしい。

分量の表記がないものは、適量を意味する。繰り返し作ってゆくうちに"適度な量"がわかってくると思う。

できあがりの量は、基本的に４人分である。できあがりの量も分量も記していないものは、好みの量で作る。

オーブンはレシピに記した温度にあらかじめ温めておく。

おにぎり

おにぎり

長いこと、おにぎりをにぎるのが苦手だった。娘が幼稚園に通っていた頃、たまのお弁当に入れる時も、にぎり具合はさておき、ちぎったのりで不細工かつ笑いを誘う顔をつけてごまかしていた。

そんなある日、娘が自分でおにぎりをにぎってみたいという。「おにぎりは難しいよ」と心の中で思いながら、任せてみる。お茶碗にほどよい量のごはんを入れ、小さな手にていねいに塩をまぶすと、両手の間でころころとごはんをころがし始めた。泥だんご作りの要領だ。おにぎりはなるべく手早くにぎるのがおいしさの秘訣だと思っていたが、時間をかけてできあがったおにぎりは、いつになく美しい球形だった。

改めてにぎり方を観察してみると、実際にごはんに触るのはおにぎりの上下の点、つまり両手のひらの真ん中の部分だけで回転させ、ほとんど力が入っていない。その分、まん丸に形を整えるのに結構な時間がかかる。しかし、食べてみると絶妙なほどけ具合なのである。“おにぎり”よりは、“おころがし”と呼ぶ方がいいかもしれない。

おにぎり作りはすっかり娘の役割になった。私のまわりにはおにぎり名人がたくさんいるが、娘のにぎったものがいまのところ最高峰である。どうやら、その小さな手ゆえに、時間をかけてにぎっても、おにぎりがかたくならないのだ。

このおにぎり、塩むすびもいいが、ばら干しのりをまぶすのが最高においしい。ばら干しのりは、のりを摘み取り、そのまま干したもので、風味がよい上に、ふんわり、かりかりとした食感がおにぎりに絶妙に合う。

私が死ぬ前に食べたいと願うのは、娘のにぎるおにぎりである。

ごはん
塩
ばら干しのり

熱々のごはんを、茶碗に好みの量を盛る。
手を水でぬらし、塩を適量つけてごはんをのせる。
まず、まん丸の形になるように軽くにぎり、あとは上下の手のひらを小刻みに回転させるようにして形を整えてゆく。
きれいな球状になったら、乾いた茶碗にばら干しのりを１つかみ入れ、おにぎりを入れて茶碗を旋回させてまぶす。
できたてを熱いうちに1つずつ供する。

・塩とばら干しのりのかわりに、手にしょうゆをつけてにぎり、糸削りをまぶす“おかかおにぎり”もおいしい。いずれものりやおかかがまだふわふわ、さくさくとした食感があるうちに食べる。
・中には具を入れない方が断然おいしい。

赤飯

赤飯

友人が、昔の料理本に記されていた赤飯の作り方が秀逸だと教えてくれた。小豆をゆで、そのゆで汁で小豆ともち米を煮含めてから蒸し上げるという。聞いたことのない作り方を不思議がる私に、彼女が早速作ってくれたのだが、これがれっきとした赤飯であった。

赤飯といえば、晴れの日の料理の代表だが、場合によっては二日がかりと、かなりの手間暇がかかる。でも、このレシピなら、思い立ったら数時間もあれば食べられるのだ。

小豆以外にも、同じ作り方でいろいろなおこわを楽しむようになった。豆は乾燥のものはもちろん、旬のやわらかなグリーンピースで作る“緑飯”も最高だ。他には、アスパラガスやとうもろこしなどもよく合う。

乾燥豆はいずれもゆで汁でもち米を煮含める。野菜はともすると捨ててしまう皮や芯を水で煮出し、その水分でもち米を煮含める。素材そのものが持つ軽やかな香りは、もち米を繊細に包み込んでくれる。

お祝いの日に限らず、おいしい小豆が届いたらまっ先に作る。蒸籠から立ち上る湯気は、いつだってうれしいものだ。

もち米　2カップ
小豆　　1カップ
塩

もち米は3回ほど水を替えてさっと洗い、たっぷりの水に浸して1時間以上おく。
小豆は洗って鍋に入れ、3倍量の水を加えて強火にかける。
煮立ったらざるにあけ、再び鍋に入れ、はじめの倍量の水を加えて強火にかける。
沸騰したら弱火で40〜50分ゆで、芯がなくなったらすぐに火を止める。
小豆のゆで汁を漉して1カップ分を平鍋に入れ、汁気を切った小豆ともち米を加え、中火にかける。
鍋底からへらで混ぜながら煮含め、水分が少し残るくらいで火を止める。
蒸籠にオーブンシートを敷いたところに移し、平らにならす。
ふたをして沸騰した鍋にのせ、中強火で約12分、米の芯がなくなるまで蒸す。
器に盛り、塩をふる。

小豆以外の乾燥豆で作る場合には、以下の手順で湯戻しをしてから蒸す。
1　乾燥豆はたっぷりの熱湯に浸す。
2　冷めたら水を切り、再びたっぷりの熱湯に浸す。
3　再び湯が冷め、豆がふっくらとふくらんだら、つけ水のまま蒸す。豆の種類や質、その後の料理法により蒸し時間は変わるが、たいていは40分ほどで蒸し上がる。

炊き込みごはん

炊き込みごはん

ごはんが好きだ。そう強く思うようになったのは、娘が生まれてからかもしれない。赤子に乳をあげるようになり、私の体が求めるものは変わった。以前の私はおかず喰いだったが、いまはすっかりごはん喰いになった。

食卓にずらりとおかずが並んでいても、いの一番に食べるのはごはんだ。燃えるように熱いごはんが食べたくて、ごはんの炊き上がりを見計らうのにいつも神経を使う。

白いごはん、新米、古米、雑穀を混ぜたごはん、すべてを愛している。そして、季節の実りを忍ばせる、炊き込みごはんは作る過程からして愉快だ。

米が白い画用紙だとすると、そこにどんな風に絵を描くかを考える。具材は米粒と同じくらい細かく切るか？　あるいはごろごろと形を残して入れるか？　米だと思って食べたらじゃがいもだった、たけのこだったという驚きは楽しい。一方で、ごはんを頬張ると同時に、大ぶりの具材が熱と香りを放つ感じも好きだ。だから、どちらがいいかは決められない。

きょうはおかずが少し寂しいなあという時にも、鍋の中からごはんと野菜が湯気を上げているのを見ると、妙にうれしくなる。まっさらな白い紙を絵の具で染めるように、私はこれからもきっと、数え切れないほどの炊き込みごはんを作り続けるだろう。

炊き込みごはんを作る時、私なりのいくつかの決め事がある。
・基本的に具は1種類。→主役の存在感を大切にする。
・だしは入れない。→具材の風味を生かす。
・炊く時に味つけせず、茶碗の上でぱらりと塩をふる。→味が単調にならない。
・米1カップに対して大さじ1ほどのもち米を加える。→具材から出る水分をほどよく吸い、食感に張りが出る。
・必要に応じて具材に合った油脂を加える。→野菜だけでもこくが生まれる。
なお、米を炊く時の水加減はここでは米と同量としたが、好みで加減してほしい。

栗・むかご・銀杏ごはん

米　2カップ
もち米　大さじ2
水　2カップ＋大さじ2
栗　適量
むかご　適量
銀杏　適量
塩

米ともち米を合わせて研ぎ、ざるに上げて30分以上おく。
鍋に入れ、水を加えて30分から1時間ほどおく。
渋皮までむいた栗、むかご、殻と薄皮をむいた銀杏をたっぷりと散らす。
ふたをして中火にかけ、沸騰したら弱火で15分炊き、
最後に3秒強火にし、火を止めて5分蒸らす。
さっくりと混ぜて茶碗に盛り、塩をふる。

そら豆ごはん

米　2カップ
もち米　大さじ2
水　2カップ＋大さじ2
そら豆(豆が小粒のもの)　適量
塩

そら豆はよく洗ってさやをむく。
米ともち米を合わせて研ぎ、ざるに上げて30分以上おく。
鍋に米ともち米、水、皮つきのそら豆とさやを入れる。
ふたをして中火にかけ、沸騰したら弱火で15分炊き、
最後に3秒強火にし、火を止めて5分蒸らす。
さやを取り除き、さっくりと混ぜて茶碗に盛り、塩をふる。

じゃがいもごはん

米　2カップ
もち米　大さじ2
水　2カップ＋大さじ2
小さなじゃがいも　20個
塩
揚げ油(米油、菜種油など)

仕上げ
小ねぎ
粗びき唐辛子

米ともち米を合わせて研ぎ、ざるに上げて30分以上おく。
じゃがいもは皮をむき、半割りにしてこんがりするまで揚げ、
油を切っておく。
鍋に米ともち米、揚げたじゃがいも、塩、水を入れる。
ふたをして中火にかけ、沸騰したら弱火で15分炊き、
最後に3秒強火にし、火を止めて5分蒸らす。
さっくりと混ぜて茶碗に盛り、好みで小ねぎの小口切りと
粗びき唐辛子を散らす。

ピーマンごはん

米　2カップ
もち米　大さじ2
水　2カップ＋大さじ2
ピーマン　中8個(大4個)
ごま油　大さじ1

たれ
ピーマン　4個
ごま油　大さじ1
しょうゆ　大さじ1

米ともち米を合わせて研ぎ、ざるに上げて30分以上おく。
鍋に入れ、水を加えて30分から1時間ほどおく。
ピーマンを丸ごとのせてごま油をまわしかけ、ふたをして中火にかける。
沸騰したら弱火で15分炊き、最後に3秒強火にし、火を止めて5分蒸らす。
たれのピーマンはさいの目に切り、ごま油としょうゆで和える。
熱々のごはんをさっくりと混ぜて茶碗に盛り、炊いたピーマンをのせ、
たれをかける。

・好みで炊く時ににんにくを入れてもよい。
・洋風料理の日には、蒸らす時にバターを加えるのもおいしい。

かけうどん

かけうどん

私と娘の好物には共通するものが多い。特に好きなのは瑞々しい野菜。味つけは塩、油、酢。そして、たっぷりのだしを張った料理。

青菜入りのかけうどんは、青菜好き、だし好きの私たちの大好物である。昼食の時間に、一年でおそらく一番作るのがこのかけうどんだろう。天ぷらも油揚げも入れない。どうして巷のうどん屋でも、青菜うどんを出さないのだろうといつも思う。季節を感じられて、野菜もたくさん食べられて、だしもおいしくなる。ちなみにわが家のかけうどんには、しょうゆは一滴も入らない。だしと酒と塩。どこまでも澄んだ味を、私は欲している。

シチリアで料理の旅をしていた頃、料理人の友の実家を訪ねた。大きな街のホテルで料理長をしている彼が、お母さんを手伝って料理をするのに居合わせた。スパゲッティを布巾に包んで麺棒で叩き割ってゆで、野で摘んできたからし菜をどっさりと加える。煮汁ごとスープ皿に盛り、羊のリコッタチーズをぽん、とのせ、萌黄色のオリーブ油をまわしかけて勧めてくれた。からし菜の香りと淡い緑色がしみ出たスープは、春の風のように優しかった。

路傍に食べられる植物がたくさん生えている南イタリアでは、こんな気取らない料理によく出会った。野生のルーコラやアスパラガスからも、想像以上にだしが出る。市場で売られている野菜より遥かに香り高いのだ。

熊本に越して、冬から春にかけて庭や野原に、様々な食べられる草が生えていることを知った。なかでもからし菜は至るところで見つかる。やわらかな芽を摘んでパスタやサラダに、鍋に、雑煮に、そしてうどんにと、くせがないので気軽に料理に活かせるのがうれしい。水が清らかな上、盆地で寒暖の差が大きいからか、野菜がおいしく、青菜の味や香りもまた特筆すべきものがあるが、野の草のおいしさにはかなわない。私にとっては、どんなに立派な肉や魚よりも、尊く、ありがたいものだ。

青菜のかけうどんと、少し酸味のきいたぬか漬けの昼食。はたから見れば慎ましく感じるだろうが、私にとって、これ以上に喜ばしいものはないのである。

うどん
青菜
昆布といりこのだし
酒
塩

青菜は根から1枚ずつ外してたっぷりの冷水に浸しておく。
湯を沸かし、青菜をゆでる。
色よく、ほどよくやわらかくなったら湯から上げ、食べやすく切る。
別の鍋に昆布といりこのだし、酒、塩を入れて温めておく。
青菜をゆでた湯でうどんをゆでる。
ほどよいかたさになったらうどんをざるに上げ、めいめいの器にゆで湯を入れて温める。
すぐに器の湯を切り、うどんを盛る。
青菜をのせ、ひと煮立ちさせた熱々の汁を張る。

・青菜は高菜、からし菜、小松菜、春菊、山東菜、ターサイ、ほうれん草、クレソン、菜花など好みのものを。青菜のかわりに、レタスやキャベツなどでもよい。いずれの野菜も外側の大きな葉をゆがき、中のやわらかな葉は生で和え物にして一緒に食べると、いい箸休めになる。
・うどんは釜揚げにしてだしが濁らないものを選ぶ。私は五島うどん、島原うどん、氷見うどんなどを愛用している。

昆布といりこのだし

約1ℓ分

昆布　15g
いりこ　15g
水　1ℓ

すべての材料を容器に入れ、冷蔵庫に入れる。
秋冬は一晩から二晩、春夏は一晩浸した後、濾す。

・使ういりこや昆布の品質により旨みの出方が異なるため、量は必要に応じて変える。

そうめん

そうめん

そうめんほど気楽な麺はない。なにせ一分ほどでゆで上がるのだから、夏の暑い盛り、なるべく火を使いたくない時にはうってつけだ。

辛口の麺つゆとすだちやかぼすできりりと食べるのもいいが、濃い味の麺つゆは食べた後に喉が渇く。また、だし好きの私と娘は、麺以上に汁を楽しみたいという気持ちが強く、汁まで全部飲み干せる、この“翡翠そうめん”がわが家では定番になった。

野菜は緑色で歯触りがよいものであれば何でも合う。とろみの出るオクラやモロヘイヤなどは多めに、他には少し苦味のあるピーマン系の野菜、そして歯触りのよいきゅうり系の野菜は欠かせない。山形に“だし”という郷土料理があるが、それをたっぷりの冷たいだしに浸した感じに近いだろうか。

愛用の翡翠色のガラス鉢に翡翠色の野菜が映える。夏が大の苦手な私も、この料理を前にすると、そのけだるい暑さも少しだけ好きになれる気がしている。

そうめん

汁
緑の野菜
（オクラ、ピーマン、甘長唐辛子、きゅうりなど）
昆布といりこのだし
塩
すだち

緑の野菜は必要に応じて下ごしらえをし、すべて小さなさいの目に切る。
だしは濾し、野菜を加え、塩で味をととのえる。
めいめいの鉢に盛り、よく冷やしておく。
そうめんはゆで、ざるに上げて冷水でよく洗い、鉢に盛る。
氷をのせ、すだちの輪切りを浮かべる。

・このそうめんのおともに"トマトの小さなスープ"（下記）を作ると洒落ている。小さなグラスに入れて、そのまま飲んでもおいしいし、後からそうめんの中に少しずつ加えても、味が変化してうれしい驚きがある。

トマトの小さなスープ

トマト
酢
梅酢
ハーブの花
（コリアンダーやしその花など）

トマトはよく冷やしておく。
お尻からおろし金ですりおろし、皮とへたを除く。
酢と梅酢で味をととのえ、小さなグラスによそい、ハーブの花を添える。

おひたし

おひたし

野菜をゆで、あるいは炒めて、にんにくやごま油、えごま油、ごまやえごまなどで和えるナムルが、私はとても好きである。韓国でオモニにナムル作りを習った時、大根を炒める仕草が驚くほど優しくて、やわらかだった。それまで私が思っていた“炒める”という行為と、それはまったく別ものだった。弱火でそうっと炒めた大根を、最後に優しく手で和える。できあがったナムルも優しい味に違いなかった。

違いなかった、というのは、私はそのナムルを食べることが叶わなかったからだ。急に気分が悪くなって倒れてしまい、何も食べられず、床の上に突っ伏して台所の音を聞いた。たくさんの材料を抱えて来て、たくさんの料理を私に伝えようとしてくれたオモニの気持ちを思うと、申し訳なくて、悔しくて仕方がなかった。

うろ覚えながら、日本に帰ってナムルを作った。素材をどのように火入れし、どの油を合わせ、どんな味つけをするかで無限の組み合わせが生まれる。私はナムルを作ると楽しくなり、気がつくとたくさんの種類を作ってしまうのだが、なるべく、一つ一つが違う味や印象になるように心がけている。

一番好きなのは、おいしいごま油かえごま油と、ほんの少しのにんにく、塩で和えた青菜のナムル。でも、もし、ここから油とにんにくを引いたらどうなるだろう？　そう思いながら、ゆでた青菜を、塩味がほんのりきいたゆで汁に浸したまま食べてみた。これ以上、青菜の香りが立つ食べ方がそれまであっただろうか。私はそれを“塩ナムル”と呼び、最初のうちは韓国式のナムルと合わせて食卓に並べていたが、だんだんと日本のおひたしにも応用するようになった。

最近は、緑の野菜をゆでたら、塩味のゆで汁や塩水に浸すのが習慣になった。ゆでた後、冷水につければ色鮮やかになるが、味が抜けてしまう。ざるに上げれば表面の水分がだんだんと飛び、しわしわ、かさかさになってしまう。でも、塩の入った水ならば、色は鮮やかになる上、野菜の香りや味は中に閉じ込められる。そして、いつまでも艶やかであり続けるのだ。

ゆでてからだしに浸すのが日本のおひたしだが、だしなしでもいいのだ。その方が、野菜本来の香りがずっと生きる。青菜の他、山菜や青い豆やピーマンやキャベツでもなんでもいい。

野菜を冷水につける。ゆでる。塩水にとる。どれも私が一番好きな台所の風景だ。なぜなら、野菜がひときわ輝いて見えるから。何度繰り返しても、その思いは変わらない。

緑の野菜
塩

野菜は優しくていねいに洗う。
青菜の場合は根から1枚ずつ外し、泥をていねいに落とすように洗う。
ゆでるまでたっぷりの冷水に浸しておく。
湯を沸かし、塩味がつくくらいに塩を入れる。
湯の中をゆったりと泳ぐ量の野菜を入れてゆでる。
ほどよいやわらかさになったら引き上げ、ゆで汁あるいは塩を混ぜた冷たい水に浸す。
空気を抜くようにラップをかけてしばらくおく。
食べやすく切り、器に盛って粗塩をふり、汁を張る。

・野菜はしゃきしゃきした食感にゆでるよりも、気持ちやわらかめにゆでた方が、汁のなじみがよい。
・青菜のおひたしには、淡口しょうゆを好みで加えてもよい。淡口しょうゆは、野菜の味を覆い隠さず、ほんのりとした香りを加えてくれる。
・塩味のおひたしを基本に、かつおぶし、ごま、梅干し、しらす、香りのよい油、柑橘の搾り汁などを加えてもよい。

大きなみそ汁

大きなみそ汁

私も娘もみそ汁が好きで好きで、お椀一杯では到底足りない。そもそも、わが家のお椀はかなり大ぶりだ。それでも二杯、多い時は三杯も飲む。しかし、おかわりをするたびに台所に向かうのは億劫だし、何度も火にかけては風味が落ちる。ならば、と考えたのが“大きなみそ汁”である。

独り立ちした時に母が持たせてくれた、実家で使っていたうどんすきの鍋がある。鍋物はもちろん、野菜を洗うたらいに、ゆで鍋にと愛用して早二十年が過ぎた。この鍋たっぷりにみそ汁を作るのだ。

煮えばなを食卓に運び、アルコールランプでのんびりと温めながら食べる。たとえ他に熱々のおかずがなくとも、熱い汁とごはんで心もお腹も温まるから、娘と二人だけの気楽な夕食には、必ずのように大きなみそ汁が登場する。好きな時に好きなだけ自分の椀に注ぎ、お腹がたぷたぷになるのは、汁もの好きにはこの上ない幸せだ。

大きなみそ汁の具に決まりはないが、じっくり温め続けても食感や香りが失せないものがいい。とうふや油揚げなどは具としては平凡だが、とうふならば一丁丸のまま、ジューシーな京揚げは大ぶりに切ると、燦々と煌めく存在となる。いも、かぶ、大根、トマト、半熟卵、玉ねぎ、ねぎなど、丸いもの、白いもの、甘みのあるものも間違いない。

大きなみそ汁は、いつの季節も食卓の大輪の花のようである。

レタスのみそ汁

レタス
昆布といりこのだし
みそ

レタスは1枚ずつはがして優しく洗い、たっぷりの冷水に浸しておく。
鍋に昆布といりこのだしを張り、みそを溶く。
鍋を強火にかけ、温まってきたら適当にちぎったレタスをたっぷりと入れる。
汁の中にレタスを沈め、レタスが煮えすぎないうちに、椀に盛る。

京揚げのみそ汁

大きな京揚げ
昆布といりこのだし
みそ

京揚げはたっぷりの湯で10分ほどゆでてから、冷水にさらす。
何度か水を替えてから、両手のひらで挟んでしっかりと、かつ破らないように水気を絞り、油抜きする。
食べやすい大きさに切り、昆布といりこのだしを張った鍋に入れる。
強火にかけ、煮立ったら火を止めてみそを溶く。
もう一度温めてから椀に盛る。

・好みで粗びき唐辛子や青山椒をふる。

冷奴

冷奴

冷奴は四季のキャンバスだ。

春は畑でやわらかな葉を伸ばすパセリやコリアンダー、にら。初夏の豆やアスパラガス。夏はトマトやとうもろこし、きゅうりやゴーヤーに青唐辛子。秋はきのこに銀杏、みょうがに新しょうが。冬はねぎや大根、青菜にカリフラワー。季節の移ろいと共に、冷奴も移ろってゆく。

私の祖父は、巨人戦をテレビで観ながら冷奴と刺身を食べるのを愛した。とうふの上に、ねぎとしょうがをのせて、祖母がくつろいだ姿の祖父の元に運んでゆく。祖父がちょん、としょうゆをたらす。その光景は五十年近くたったいまも私の脳裏に焼きついている。

とびきりおいしいとうふであれば、何ものせずに塩やしょうゆだけで食べるのが一番だ。でも、ふだん何気なく買うとうふには、少し工夫をして季節の彩りを添えるのも悪くない。大きなとうふを大きな皿に盛り、具材をたっぷりとのせるだけで、とうふが一気に食卓の華になる。大きなさじですくい、皆で分かち合う楽しさもある。

具材と調味料は無限の組み合わせがあるから、決して飽きることがない。思い立ったらあるものですぐにできる。日々の料理の味方である。

とうふ　1丁
好みの具材
好みの油
(米油、ごま油、えごま油、菜種油など)
好みの調味料
(塩、しょうゆ、みそ、魚醤、梅酢、酢、
柚子こしょうなど)

とうふは水をよく切り、切らずにそのまま大皿に盛る。
好みの具材を下ごしらえし、とうふにたっぷりとのせる。
好みの油と調味料をかける。

・とうふは木綿、絹など好みで選ぶ。
・具材は味や香りを考えて、その季節、その日の気分で組み合わせる。
・私が夏によく作るのは翡翠どうふ。きゅうり、ピーマン、ゴーヤー、オクラなどの青くて歯触りのよい野菜を小さなさいの目に切り、青い柑橘の汁を搾り、油をまわしかけるとさっぱりしていくらでも食べられる。

・四季の冷奴の例
春:パセリ……粗く刻み、米油、塩をかける。
夏:とうもろこし……生の実に米油、青唐辛子酢(p.197)、塩をかける。
秋:きのこ……粗く刻んでたっぷりの油で香ばしく炒め、酒としょうゆを少々加えて炒りつける。
冬①:大根……せん切りにし、白ごま、柚子こしょう、柚子の搾り汁、米油、塩をかける。
冬②:赤水菜とローゼルの塩漬け……赤水菜の小口切り、ローゼルの塩漬け、ごま油、梅酢、粗塩をかける。
・高菜漬けや白菜漬け、奈良漬け、みそ漬け、しば漬け、梅干しなどの漬物を合わせるのもおいしい。

ゴーヤーチャンプルー

ゴーヤーチャンプルー

わが家では人気のゴーヤーチャンプルーが二種類ある。一つは、絹ごしどうふを使い、三分もあればできるやわらかで軽やかなチャンプルー。もう一つは、高野どうふ好きの娘に捧げる“ゴーヤチャンプルー”。だしで高野どうふを煮含めるのはひと手間だが、旨みをたっぷりと吸い込んだむっちりとした高野どうふとしゃきしゃきのゴーヤーの相性はとてもいい。絹ごしどうふか、高野どうふか。悩むところではあるが、甲乙つけられずに悩み続けるのもまた、悪くないと思う。

ゴーヤーチャンプルー

ゴーヤー　1本
絹ごしどうふ　1丁
にんにく　1かけ
酒
塩
菜種油
糸削り

ゴーヤーはへたと種を除き、薄切りにして塩水につけておく。
絹ごしどうふは水気を切っておく。
フライパンを中火で熱してたっぷりの菜種油を引き、つぶしたにんにくを炒める。
香りが立ったら水気を切ったゴーヤーを入れてさっと炒める。
色が鮮やかになったら絹ごしどうふを大きく割って加える。
しばらくしたら大きく返し、酒をふり、塩味をととのえる。
器に盛り、糸削りをたっぷりと散らす。

コーヤチャンプルー

ゴーヤー　1本
高野どうふ　16個
(小さなさいころ状に切ったもの)
昆布といりこのだし　適量
にんにく　1かけ
酒
塩
米油

ゴーヤーはへたと種を除き、薄切りにして塩水につけておく。
昆布といりこのだしを中火で温め、塩少々を加え、高野どうふを入れて煮る。
ふたをして10分ほど弱火で煮て、鍋底に2cmほど汁が残るくらいで火を止める。
フライパンを中火で熱してたっぷりの米油を引き、つぶしたにんにくを炒める。
香りが立ったら、水気を切ったゴーヤーを入れてさっと炒める。
色が鮮やかになったら高野どうふの汁気を切らずに加え、炒め合わせる。
酒をふり、塩味をととのえる。

茶碗蒸し

茶碗蒸し

しっかり火の通ったえびや鶏肉、かまぼこがあまり得意ではない。だから、それらが中に潜んでいる茶碗蒸しもあまり得意ではなかった。なめらかなものの中から、異質なかたさのものが出てくるのは、なんとなくしっくりこない。

しかし、茶碗蒸しそのものは、卵とだし、私の好きなものだけでできている。アンバランスな食感がいけないならば、具をなめらかなすり流しにしてみよう。

そら豆、グリーンピース、アスパラガス、とうもろこし、枝豆、トマト、しいたけ、栗、れんこん、かぶ、ゆりね、カリフラワー……。季節の流れと共に、パレットの絵の具のように、様々な色が茶碗蒸しを染める。なめらかな茶碗蒸しには、なめらかなすり流し。やわらかな卵とだしの香りに重なる、四季の野菜の香り。茶碗蒸しで巡る一年は、なんだか楽しい。

6人分

卵　2個
昆布といりこのだし　卵の正味量の3倍
塩　約小さじ1/4

すり流し
れんこん　100g
しょうが　少々
昆布といりこのだし　200g
塩

卵は卵白のこしを切るようにほぐす。
だしと塩を加え、泡立てないようによく混ぜてから濾す。
茶碗に流し分ける。
すり流しを作る。
れんこんとしょうがは皮をむき、おろし金ですりおろして鍋に入れる。
昆布といりこのだしを加え、中火でとろりとするまで煮て、塩味をととのえる。
鍋に湯を沸かして蒸籠をのせ、茶碗を入れてふたをして強火で3分、弱火で10分ほど蒸す。
茶碗を傾けてみて、汁が透き通り、やわらかに固まっていたら火を止める。
蒸したての茶碗蒸しに熱々のすり流しをかける。

・春には透明な貝のだしを張るのもよし、真夏は茶碗蒸しをよく冷やして、梅酢をひとたらしするのもよい。冬は葛を加えて餡かけにするのもよい。
・すり流しにほんのりにんにくとごま油を忍ばせれば、中国風にもなる。
・昆布といりこのだしのかわりに、豆乳を使ってもおいしい。卵2個に対して豆乳200gが目安。とうふ店が作っている濃厚な豆乳を使うと、よりこくのある茶碗蒸しになる。

大根の煮物

大根の煮物

煮物を作る時は緊張する。日本の煮物は、西洋料理の煮込みとくらべると何てことないように見えて、難しい。材料、鍋の素材や形状、火加減など、様々なことで仕上がりが変わる。細心の注意を払ったつもりでも、気がついたら煮崩れていたり、煮汁が足りなくなっていたり。その不安を解消できないかと考えていた時に、蒸して作る方法を思いついた。

台湾には、“一家に一台”と言われるほど普及している“電鍋”というものがある。電気炊飯器のような風貌の調理器具で、一台であらゆる料理ができるらしい。まず、内釜に水を張り、素材や調味料を入れた容器を浮かべる。ふたをして電源を入れると、ゴトゴトと派手な音を奏で始める。何度使っても驚くけたたましさだが、中を覗くと、沸騰しているのは内釜の湯だけだ。容器の中はやんわり湯気が立つだけで、ぐらぐら煮えることは決してない。要は湯煎で調理をしているのである。

台湾でしばしば料理する機会があり、蒸し物をするのに「蒸籠を貸してください」と言うと、「蒸籠はないけれど、これで蒸せるよ」と手渡されるのが電鍋だった。街を歩けば、あちこちで蒸籠から湯気が立ち上っているというのに、家庭で蒸籠を使うことは減っているらしい。電化製品が苦手なので、しばらくは蒸し網と鍋で簡易蒸し器を作ってしのいでいたが、ある日、市場の実演販売を見て、その構造をようやく理解することができた。日本でも使えると知り、早速購入してみる。最初に作ったのは、韓国風のゆで鶏だった。内釜に丸鶏、香味野菜、薬膳材料を入れ、熱湯を注いでふたをし、電源を入れる。鶏はいつになくしっとり、ふんわりとやわらかく煮え、煮崩れもない。さらに、煮汁はきれいに透き通っている。次いで魯肉飯。煮るとついぞかたくなりがちな豚肉が、ふわっとやわらか。すごい鍋だ。

とはいえ、皆に電鍋を勧めるのは現実的ではないから、湯煎調理という考えを、家庭にあるもので応用してみる。湯煎で料理するのは、要は蒸して作るのとほぼ同じだ。だから、煮汁と素材を入れた鍋ごと蒸籠で蒸す。鍋ではなく、食卓に出す鉢で蒸せば、器まで熱々になり、一石二鳥だ。また、蒸籠がなければ大きな鍋に湯を沸かし、煮汁と素材を入れた容器を浮かべて煮る。あるもので工夫するのも、家庭料理の楽しさだ。

台湾という国からもらったものは数えきれないほどあるが、“蒸す煮物”は、私にとってかけがえのない、暮らしの知恵となっている。

大根
昆布といりこのだし
酒
塩

大根は4cm厚さの輪切りにして皮をむく。
蒸し器に入るサイズの寸胴の容器や鍋などに重ならないように並べ、
だしをかぶるまで注ぎ、酒をまわしかけ、塩をふる。
蒸気の立った蒸し器に入れ、ふたをして強火で蒸す。
大根にすっと串が通るようになったら、塩味をととのえる。
火を止めて冷まし、味をなじませる。
供する前に再び蒸して熱々にし、温めた器に汁ごと盛る。

・大根に限らず、煮物を煮るのではなく、汁に浸して蒸して作ると、素材の形はそのままに、汁は濁らず、美しく仕上がる。
・大根は下ゆでせずに、生から煮ると大根らしさが引き立つ。
・"蒸す煮物"は煮崩れないので、炊き合わせを作る時にも重宝する。冬の白を意識した、かぶ、里いも、高野どうふだけで作る"白い炊き合わせ"は、わが家のお正月の定番となっている。

炒りおから

炒りおから

青い豆が出回る頃が、私にとって炒りおからの旬になりつつある。白いおからの中で豆の青さは一際映える。豆の味や食感もまた、淡白でほろほろとしたおからの中で際立つ。

炒りおからという地味な料理について改めて考えさせられたのは、中国・雲南省の旅だった。訪れるたび、雲南の料理に私は多くの気づきをもらっている。ある食堂で正体もわからず頼んだ料理が炒りおからで、中国にも同じ料理があるのだと驚いた。具はにんじん、しいたけ、ねぎと、日本のおからと変わらないが、大皿に豪快に盛られているのが中国らしい。そして、何かが違う。何が違う？　小鉢に少しではなく、たくさん食べたいと思わせる味は、どうやって生まれるのだろう？　まず、甘くない。さらに、こくがある。どうやらたっぷりの油で炒めてあるようだった。塩味で、油のこくを感じるおから。

日本に帰ると、ちょうど青い豆の季節だったので、早速“豆おから”を拵えてみる。作るのも楽しいが、食べてみるともっと楽しいことに気づく。ぷちぷち、しゃきしゃき……とそれぞれの豆の食感が口の中で弾ける。夏にはとうもろこし、秋にはきのこや栗、冬にはカリフラワーやゆりね。炒りおからって、なんて楽しいのだろう。

おから　80g
新玉ねぎ　80g
青い豆　各40g
（さやいんげん、グリーンピース、そら豆）
米油　40g
塩

新玉ねぎは粗みじん切りにする。
さやいんげんはそのまま、グリーンピースはさやを取り、
そら豆はさやと薄皮をむき、それぞれ冷水に浸しておく。
大きな鍋に強火で湯を沸かして塩を入れる。
青い豆を種類別にざるに入れて沈め、色よく、やわらかくなりすぎないようにゆでたら一気にざるごと上げ、氷水に当てた塩水につける。
フライパンに油を引き、新玉ねぎを中弱火で炒める。
ごくうっすら色づいたら、ほぐしたおからを加える。
よく混ぜてぱらぱらになるまで炒めたら、豆のゆで汁をひたひたに加える。
再びぱらぱらになるまで炒めたら、最後は箸で混ぜるようにほぐす。
塩味をととのえ、火を止める。
豆を少し残して加えてひと混ぜし、器に盛り、残りの豆を散らす。

・おからの炒り方はしっとりと仕上げるのも、ぱらぱらに炒りつけるのも、それぞれにおいしい。しっとりとさせたい時は、思い切ってゆで汁を多めに入れてジューシーに、ぱらりと軽やかに仕上げたい時は、箸で丹念にほぐすようにする。

夏野菜の揚げびたし

夏野菜の揚げびたし

最近、一年を通して、野菜を素揚げにすることが増えた。和風、洋風、中国風、料理の分野は問わない。四季折々の野菜——根菜も実ものも、時には葉ものも、とりあえず揚げてから、どんな風に食べるのかを考える。塩やしょうゆをまぶすだけでもいいし、あらゆる種類の酢や香辛料と組み合わせるのもおもしろい。熱々も、冷めて調味料の味がなじんでも、それぞれにおいしいのだ。

油で揚げる作業は、ちょっと億劫に感じるかもしれないが、慣れてしまえば少ない量の油で揚げられるようになる。たいていの野菜は揚げるとこくが増し、時には甘みや香りも増し、生の時からは想像もつかないほどに、変身することが少なくない。だから、私は素揚げという調理法に、下ごしらえの一つとして絶大な信頼を置いている。

そんなわけで、自分なりにこれは名作だなあと思う料理には、素揚げ野菜が入ることが多くなった。揚げびたしは、その点では素揚げ野菜料理の王道だ。しょうゆのきいただしに漬けた、まだほんのり温もりの残る揚げびたしを、冷たいそうめんと食べるのは、私の料理の師匠から教えてもらった忘れられないおいしさだ。色とりどりの野菜を揚げて、きりりとした味のつゆにざぶん、と漬け、大きな鉢に香り立つ薬味と共にたっぷりと盛ると、立派な肉や魚にも代えがたいご馳走になる。

そんな揚げびたしを、夏によりさっぱりと食べられるようにするには、と考えていたある日、塩味のだしに作りおきの煎り酒を加えてみたら、これが傑作だった。夏野菜の色鮮やかさが映え、ほんのりと香る梅の風味で、飽きることなく箸が進む。

揚げびたしのよさと、煎り酒のよさと。ほんのひらめきから思いもかけない美味が生まれるから、日々の料理というのは飽きることがない。

好みの夏野菜
(かぼちゃ、甘長唐辛子、パプリカ、なすなど)
揚げ油(米油、菜種油など)

つけ汁
煎り酒(p.73)　20g
昆布といりこのだし　200g
塩　少々

なす以外の野菜はそれぞれに応じた下ごしらえをし、
ほどよい大きさに切ってざるに広げ、水分を飛ばしておく。
なすは揚げる直前に好みの形に切る。
油をフライパンまたは鍋に入れて中火で熱し、温まったら野菜を
種類別に揚げる。
色づいたら網に上げ、油をしっかりと切ったら、熱いうちにバットに
並べ入れる。
つけ汁の材料を合わせて煮立て、熱々を野菜にまわしかけ、
しばらくおいて味をなじませる。
味をみて薄いようなら塩をふり、器に盛る。

・野菜は他に、オクラ、ピーマン、とうもろこし、ズッキーニなど。
・好みで糸削りやごまをふるのもよい。

きんぴらごぼう

きんぴらごぼう

ごぼう、にんじん、ヤーコンにれんこん。地味ながら、わが家で人気のおかずがきんぴらだ。

ごぼうはささがきやせん切りにすることが多いが、私はごぼうの皮の食感やごつごつとした食べごたえが好きだ。料理上手の叔母はいつも糸のように細くごぼうとにんじんを刻み、きんぴらごぼうを拵えてくれた。大分出身の叔父は、叔母の“ごぼ天”（九州でよく作られるごぼうの天ぷら）を食べては、「こんなに細く切ったごぼうの天ぷらを食べられるのはうちだけだな」と顔をほころばせた。その笑顔は、生涯夫に仕えた叔母の誇りであったに違いない。

私は手先の器用な叔母の血を引いておらず、せん切りが苦手である。その上、ごぼうほどその土っぽさやたくましさをしっかりと味わいたいと思う野菜はない。だから、きんぴらごぼうは、ごぼうの繊維を壊す程度に叩いてから、荒々しく手折って作る。

しょうゆ味もいいが、酒と塩と酢、あとは油の香りだけで仕上げたきんぴらは飽きがこず、いくらでも食べられる。炒める油は野菜全体を艶々と覆うくらいにたっぷり入れると、だしを入れなくても野菜の旨みが立つようになる。

料理の文句は決して言わないが、過剰な賛辞も贈ることのないわが夫が、無言で必ず何度も箸をのばすのが、私のきんぴらである。

ごぼう　細2本
にんじん　小2本
酒　大さじ2
酢　大さじ2
菜種油　大さじ4
ごま油　大さじ1
白ごま　大さじ2
粗びき唐辛子(韓国産)　小さじ1
塩

ごぼうは皮をこすりすぎないように洗い、
麺棒やすりこぎで割れるくらいまで叩く。
手で食べやすい長さに折り、水にさらす。
つけ水が茶色くなったらこぼし、ざるに上げる。
にんじんは縦に包丁を入れ、ごぼうと同じくらいの太さ、長さに切る。
フライパンまたは平鍋を熱して菜種油を引く。
ごぼうとにんじんを入れて炒め、酒と塩をふり、ふたをして蒸し炒めにする。
時々混ぜ、途中、かたいようなら様子を見て水を少し加える。
全体がやわらかくなったらふたを取り、酢をまわしかけて煮立てる。
塩味をととのえ、ごま油を加えて火を止める。
煎った白ごまと粗びき唐辛子をふって混ぜる。

・だしや甘みは入れずに、野菜だけの香りと甘みを生かすのが好きだ。最後に酢をまわしかけて火を強め、酸味をほどよく飛ばすと味が締まる。きんぴらのおいしさの要は"酢"にあると考えている。
・もう一つ、きんぴらの味わいを引き締めてくれるのが赤唐辛子だ。小口切りにすると辛味が立ちすぎ、そのまま入れると、赤唐辛子が触れたところしか辛味がつかないことも多い。その点、韓国の粗びき唐辛子は、辛味がやわらかで、まんべんなくゆきわたるので、きんぴらに重宝する。

なすみそ

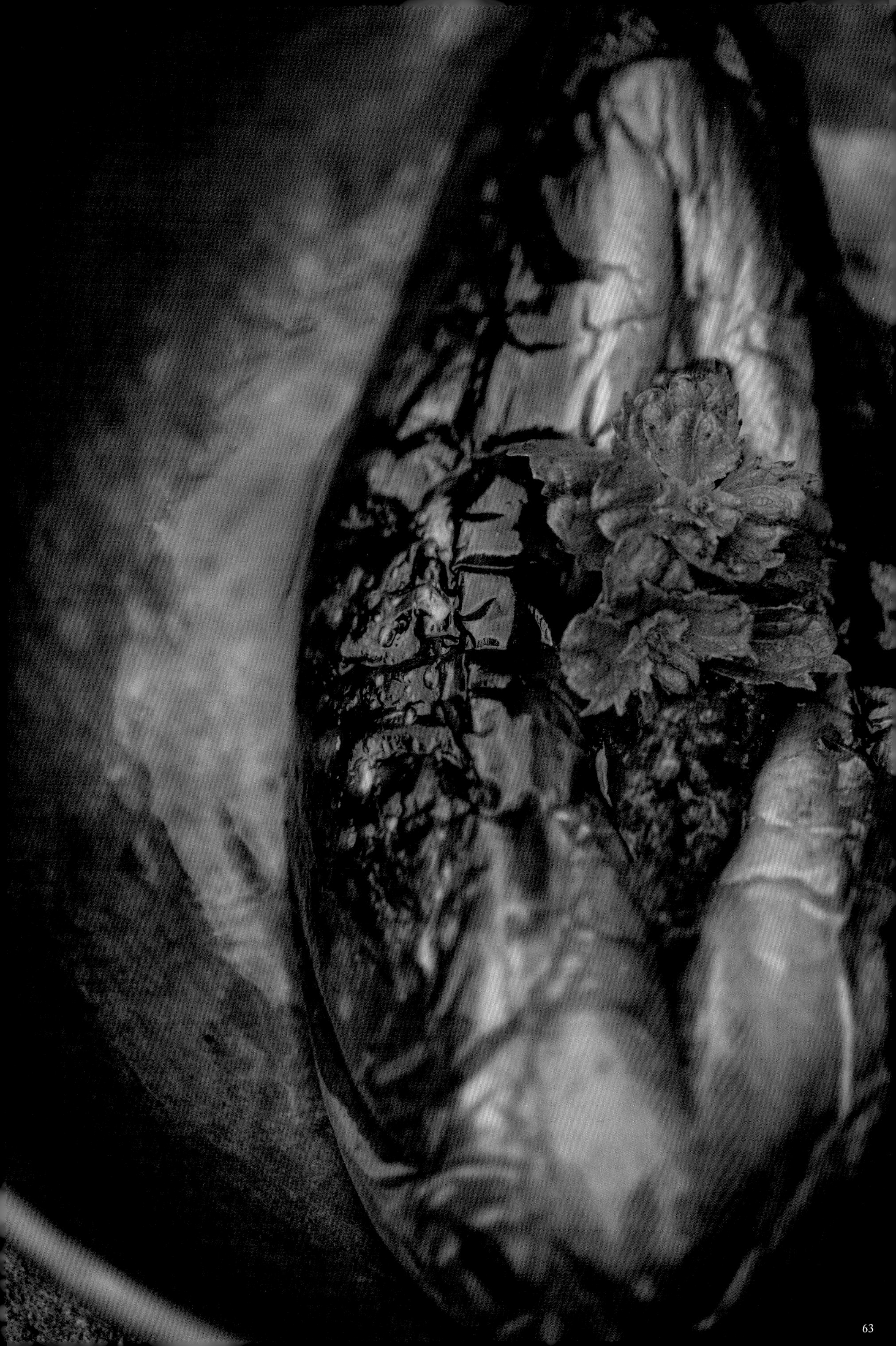

なすみそ

母の料理で好きなものは、数え上げたらきりがないが、特に記憶に残っているものの一つに“なすみそ”がある。多めの油でゆっくりと炒めたなすとピーマンの中心に、驚くほどたっぷりのみそと砂糖をどん、とのせ、火にかけながらからめてゆく。母が作る、とろんとした濃い味つけは、自分で試してみてもなかなかうまくいかない。砂糖を料理に使いなれない私が作ると、中途半端な味になってしまうのである。

半ばあきらめかけていたある日、鹿児島の友人が作ってくれた“なすの丸焼き”が頭をよぎった。鹿児島では名産の白なすを使うことが多いそうだが、種類は問わない。油を引いたフライパンに大きななすを丸ごと入れ、ふたをして蒸し焼きにする。弾けるまで火を通したなすはとろんとろんになり、しかも、油で焼かれた皮までやわらかでおいしい。焼きなすとも、揚げなすとも違うよさがある。鍋の中でぱちぱちと油が跳ねる音が豪快で驚くが、大きななすを焼くのに、切る手間もあく抜きをする手間もいらず、とにかく気楽である。

熱々にしょうゆをかけて食べるのが、本家の“なすの丸焼き”らしいが、このなすで“なすみそ”を作ってみよう。丸焼きのなすのお腹をそうっと割って、おいしいみそを入れ込む。あとはしそでもみょうがでも、好きな薬味をあしらうだけだ。辛党のわが家にはもってこいだし、何よりあと一品、という時にもなすをフライパンに放り込むだけだから助かる。さらにはみそのかわりに加える調味料により、中国風、イタリア風……いかようにも変化させられるのもうれしい限りである。

なす
みそ
好みの油
好みの薬味
（青じそ、みょうが、しょうが、えごまなど）

フライパンまたは平鍋に油を引き、なすを丸のまま入れて
上からも油をまわしかける。
油の量はぐるりとひとまわし。それほど量はいらない。
ふたをして中強火にかける。
ぱちぱちと大きな音がしてきたら、途中で下の面の焼き色を見て、
色がつき始めたら裏返す。
皮全体に火が通り、芯までやわらかくなったら火を止める。
縦に切り込みを入れ、みそを盛る。
食べやすく刻む、ちぎるなどした薬味をあしらう。

かつおのたたき

かつおのたたき

毎年、かつおの季節を楽しみにしている。かつおのたたきは、作るのも食べるのも好きだ。本場、高知を訪れたことがなく、また、家でも本格的な藁焼きを試したこともないくせに語るのは邪道かもしれないが、香ばしい皮目と、生々しい身をこんな風に味わえるとは、日本料理は素晴らしいものだとつくづく思う。

初夏に庭先にコリアンダーの花が咲く頃には、その小さな愛らしい花を添える。秋口には、夏の名残でまだ地面のあちこちから伸びているしそ、躑躅の根元に顔を出すみょうがが活躍する。ハーブ畑のミントやバジリコなども、まだまだ元気旺盛で、実り始めた柑橘の青い香りと共にかつおのたたきを引き立ててくれる。私は、これらの香りの層を考えるのが楽しくて仕方がない。

ある夏、かつおを手に入れた私は、いつものように何の香りを添えようかと考えながら、畑で採れたきゅうりやピーマンを刻んでいた。出回り始めたオクラやゴーヤーも入れよう、と自然に手が動く。瑞々しい緑色の野菜を刻み、ほどよく塩味をつけた水に浸しておく“翡翠野菜の塩水漬け”は、夏の間、気に入ってよく作るが、オクラが入るとじゅんさいのように全体を透明なヴェールで包み、かつおにうまく纏ってくれるかもしれない。さらに、“梅琥珀”と名づけた梅酢入りのゼリーにかつおをひと切れのせ、梅だれをかけてみよう。口いっぱいに頬張ると、思わずため息が漏れた。かつおと梅はとても相性がよいのである。

大きなガラス鉢にたっぷりの翡翠野菜を盛り、別のガラス鉢には梅琥珀を盛り、それぞれよく冷やしておく。石皿にはかつおのたたきだけをきりりと盛りつけ、食卓でめいめいの器に盛り合わせて食べてもらう。時に、料理は台所で完全に組み立てず、食卓で完成させるようにしている。素材の温度や輪郭、最後に加える塩やハーブの香りなどが、より際立つことがあるからだ。

私の料理は偶然の出会いから生まれることが多い。ふとした組み合わせが、永遠の定番になるというのは、なんともうれしいものである。

かつお(刺身用)　1さく

<u>翡翠野菜の塩水漬け</u>
緑の野菜
(ピーマン、きゅうり、ゴーヤー、オクラ)
香りの野菜
(新玉ねぎ、新しょうが、みょうが)
塩水(塩分2%)

<u>梅琥珀</u>　作りやすい分量
アガー(酸に強いタイプ)　5g
水　225g
梅酢　20g

<u>梅だれ</u>　作りやすい分量
梅干し　1個
にんにく　少々
ごま　大さじ1
米油　大さじ1
しょうゆ　大さじ1
梅酢　大さじ1

かつおは強火で熱した焼き網に皮目を下にしてのせて、炙る。
全体に香ばしい焼き色がついたら、火から下ろす。
網からすぐにはがそうとすると、皮まではがれてしまうので、
粗熱が取れたらそっと外す。よく冷やしておく。
翡翠野菜の塩水漬けを作る。
野菜はそれぞれに応じた下ごしらえをし、ごく薄切りにする。
ゴーヤーと新玉ねぎは冷水でさらす。
その後、他の野菜と合わせてかぶるくらいの2%塩水(適当に作る時は
なめてみて、ほどよい塩気を感じるくらい)に浸し、よく冷やしておく。
梅琥珀を作る。
鍋にアガーと水を入れ、よく混ぜる。
溶けたら中火にかけ、泡立て器でよく混ぜながら煮る。
沸騰したら火を止め、梅酢を加える。
器に濾し入れ、冷めたら冷蔵庫で冷やし固める。
梅だれを作る。
梅干しは果肉を刻み、にんにく、煎ったごまを合わせて刻み、
調味料と合わせて混ぜる。
翡翠野菜の塩水漬けと梅琥珀をそれぞれ鉢に盛る。
かつおは食べやすく切り、皿に盛る。
めいめいの器に翡翠野菜と梅琥珀を取り分け、かつおを盛り、
梅だれを少々かける。

・翡翠野菜の塩水漬けに入れる野菜は、その日にあるものでよいが、食感がしゃきしゃきとして歯触りがよいものをいくつか選んで組み合わせる。オクラは全体にきれいなとろみをつけてくれるので、必ず、やや多めに入れる。
・梅琥珀はなくてもおいしいが、他にもいろいろな使い道があり(p.89・トマトと梅琥珀のサラダ)、夏の料理を引き立ててくれる。
・アガーは植物由来の粉末凝固剤。梅酢を合わせるので、酸に強いタイプを使うと失敗なく固まる。分量は商品の説明を参考にする(ここでは「クリアガー100」を使用した場合の分量を記した)。

魚の煮つけ

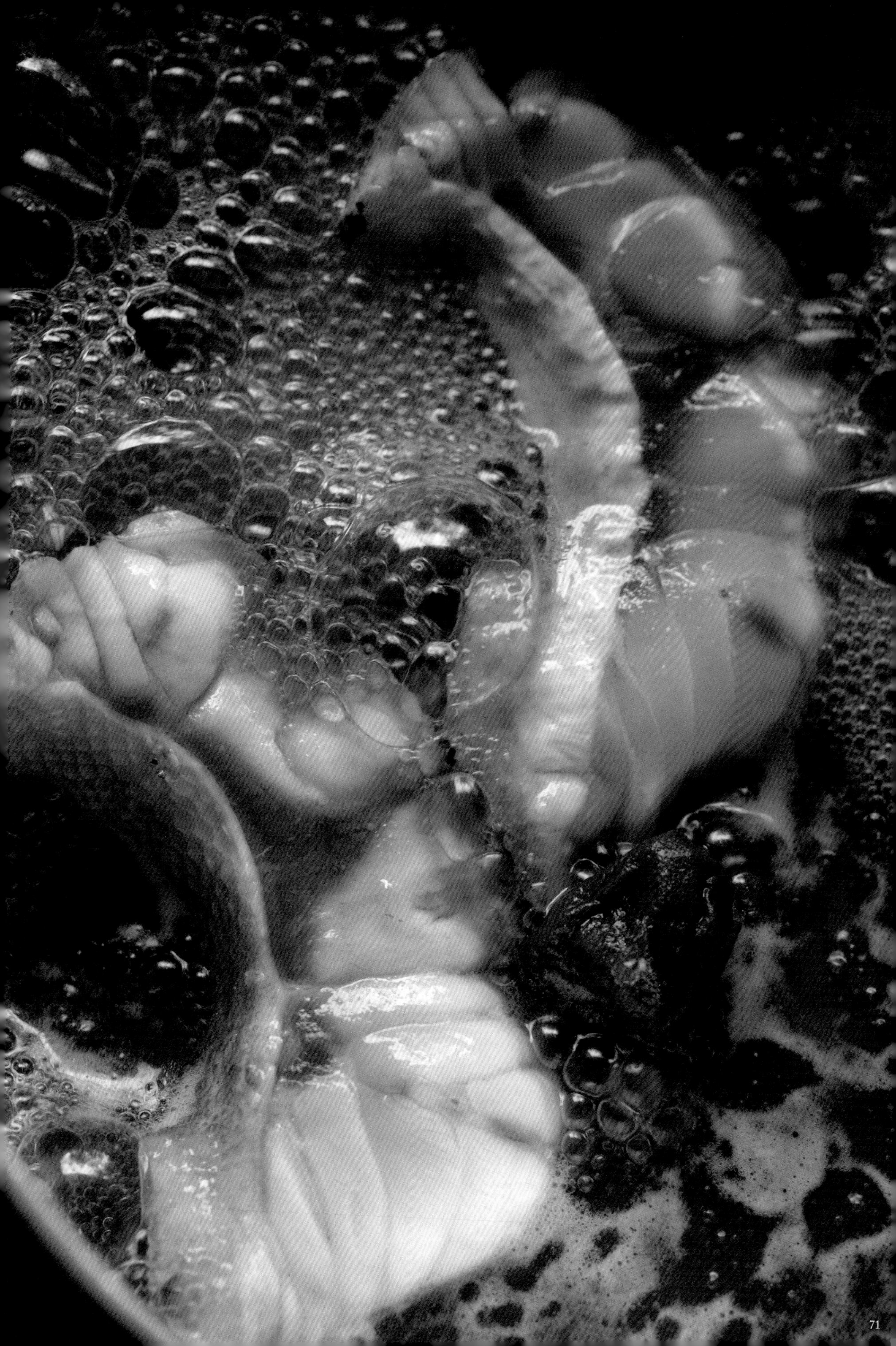

魚の煮つけ

東京の、いまはもうなくなってしまったすし屋で、初めて煎り酒のことを知った。透明な液体を塗った白身魚のすし。この爽やかな香りはなんだろう？　店の主は、煎り酒が江戸時代に遡る調味料であること、梅干しと酒一升をじっくり炊いて作ることを教えてくれた。

まぐろのづけのすしには和がらしを塗ることも、小いかの印籠詰めの繊細さも、ここで学んだ。しかし、ほどなくして、主は「旅に出る」と言って、お店をたたんでしまったと風の噂で聞いた。

私は、生魚はすし屋で酒を飲みながら食べるのが好きで、家で刺身を食べることはあまりない。だから、刺身を煎り酒で食べるという習慣は生まれなかったが、煎り酒は香り豊かな調味料として常備しておくと重宝する。煮魚や野菜の揚げびたしもどこか爽やかな香りを纏い、いつになく家族の箸が進むのがうれしい。

梅干し作りは手間がかかる。しかし、そこから生まれる料理の知恵は尽きない。毎年、梅の季節になると、庭中の木になる梅の実を見て小さなため息が出るが、無事に漬け終わった実を瓶に詰めながら、また来年も、と思うのである。

魚の切り身(写真はあら)　4切れ
煎り酒(下記)　15g
煎り酒に使った梅干し(下記)　1個
しょうゆ　15g
水　200g

鍋に水、煎り酒、煎り酒に使った梅干し、しょうゆを入れて強火で煮立てる。
魚の切り身を入れ、煮汁をかけながら強火で煮る。
火が通ったら温めた器に魚を盛り、煮汁をかける。

・魚を煮る時間は種類や厚みによるが、煮すぎてかたくならないように注意する。
・白身魚でも青魚でも、煮魚に合うものであれば種類は問わない。

煎り酒

作りやすい分量
酒　400g
梅干し　40g
(大4個・塩分18%程度のもの)

酒と梅干しを小鍋に入れ、中火で煮立てる。
弱火にして30分ほど、酒が1/4量になるまで煮る。
梅干しを除き、煮沸消毒した瓶に入れて冷蔵保存する。

・本来は一升の酒を使い、ゆっくり煮詰めて作るものだが、家庭で作りやすいように少ない分量にしている。
・煎り酒は、食卓で少しやわらかな酸味が欲しい時にひとたらししてもいい。

肉じゃが

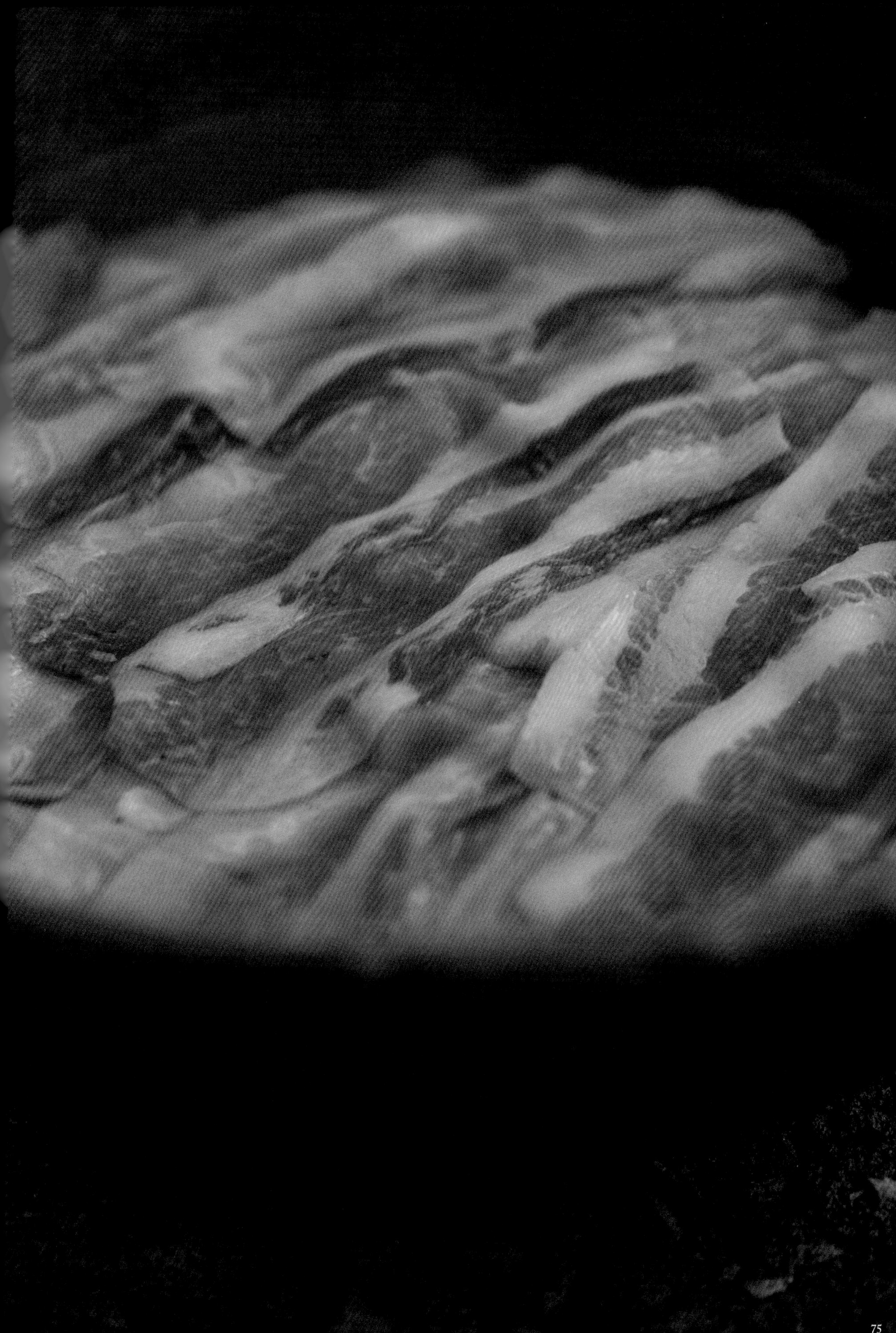

肉じゃが

肉じゃが。なんと平和な響きだろう。多くの日本人にこの料理が愛されるのは、素材の組み合わせの妙もあるだろうが、その名前によるところも大きいのではないかと思う。料理の名前にも愛嬌が必要だ。

肉じゃがに限らず、定番の家庭料理は特に料理書を繙(ひもと)くこともなく、漫然と作ることも多い。好きなおかずの一つではあったが、いまとなっては母がどうやって作っていたのかもよく思い出せない。

私の場合、野菜への愛が強いので、野菜が入る料理は、とにかく野菜のおいしさを引き出すことを最優先に考える。自分なりの肉じゃがを作ろうと思ったのも、ちょうど市場で見つけた小さなじゃがいもが愛らしくて、おいしくて、そのよさを生かすにはどうしたらいいか、と考えたのがきっかけだった。

塩味のだしをたっぷりと使った料理が好きな娘のために、だしを飲めるくらいたくさん使って、おいしい肉じゃがができないだろうか？　肉じゃがのよさは肉から出た旨みがじゃがいもにしみ込んでいるところ。それならば、野菜を一旦やわらかく蒸してからだしで炊いてみよう。蒸してから煮るのは面倒に思えて、野菜の皮は手で簡単にむけるし、煮崩れの心配もない。

また、煮えすぎた肉が苦手な私は、肉はしゃぶしゃぶの要領で上にかぶせ、少しだけ火を通した後は余熱で仕上げる。じゃがいもは丸のまま煮える小粒のものをぜひ、玉ねぎは新玉ねぎならなおよく、肉は豚でも牛でも、お好みで。

小さなじゃがいもを見るたびに、肉じゃがを食べたい、作りたい、と思う。さあ、次はいつ作ろうか。

豚バラしゃぶしゃぶ用肉　200g
じゃがいも　小12個
玉ねぎ　中2個
昆布といりこのだし　約600g
酒　30g
塩
しょうゆ

じゃがいもは丸のまま、玉ねぎは根と皮をつけたまま4等分のくし切りにして強火で蒸す。
玉ねぎは透き通ってきたら、じゃがいもはすんなり串が通るくらいになったら取り出す。
粗熱が取れたらじゃがいもは皮をむき、玉ねぎは形を崩さないよう、皮と根を手で外す。
土鍋にだしと酒を入れて沸かし、塩味をととのえる。
ごく弱火にしてじゃがいもと玉ねぎをそっと入れる。
ふたをして決して煮立たせないように、10分ほど蒸し煮にする。
一旦火を止めて数時間おき、味をしみ込ませる。
供する少し前に再びごく弱火にかけ、煮立たせないよう、かつしっかりと温める。
香りづけにしょうゆを数滴加え、豚肉を1枚ずつ広げてのせ、ふたをする。
肉の色が半分変わったら、火を止めて余熱で火を通し、鍋ごと食卓へ運ぶ。

・玉ねぎは蒸しすぎると形が崩れるので注意する。
・だしをたっぷりと用意して、"肉じゃが鍋"として食べてもおいしい。その場合、肉は卓上でめいめいがしゃぶしゃぶの要領で煮て、青菜などを途中で加えるとよい。

ピーマンの肉詰め

ピーマンの肉詰め

トルコを旅したある夏、カッパドキアの近くに暮らすご家族の家にお世話になった。宝石商のお父さんは昼は外食が多く、お母さんがごはんを作る様子はない。夜は毎晩親戚やお友達がやってきて、皿に山盛りにしたすいかやナッツをつまみながら、ひたすら笑っておしゃべりをしている。一体、この家ではいつ料理をして、食事をするのだろう？　不思議で仕方がなかった。最後の日、どうしてもお母さんの料理が食べてみたいと言うと、ようやく料理をしてくれることになった。鉛筆の先ほどの小さな干しオクラで作るスープ、そしてもう一つがピーマンのドルマ、つまりトルコ風の詰め物料理だった。どちらもトルコの旅で食べたなかで間違いなく一番の、素晴らしい料理だった。

ドルマには肉を入れるものと入れないものがあるが、その日のドルマは肉なしで、米やハーブ、干しぶどうや松の実……様々な素材を組み合わせ、肉厚のピーマンの中に詰める。大きな鍋にぎっしり並べて煮込んでからしばらくおき、自分の舌と同じくらいの温度になった頃に食べると、香りや、味や、食感がしっかりと伝わってくる。乾いたトルコの大地に恵みの雨がしみ込むように、それは私の体と心にじんわりと沁み入った。

ああ、もっとお母さんの料理が食べてみたかったと後ろ髪を引かれながら、旅立ちの朝はやって来た。長距離バスに乗る私たちを見送ってくれたお父さんとお母さんの姿は、長い時が流れたいまもくっきりと思い出すことができる。

私はピーマンの類がこよなく好きで、夏の間は毎日のように、あれこれ料理して食卓にのせる。しかし、喜んで食べていると思った野菜好きの娘がある日、「実はピーマンはあまり好きじゃない」と言う。「えっ……」狼狽える私。「でも、ピーマンの肉詰めは好き」。ならば、娘の好きなものをできる限り詰めよう。私流の日本のドルマだ。玉ねぎ、トマト、小さく刻んだ肉に、唐辛子、そして、ごま油とかつおぶし。すべてが彼女の好物。どれも、ピーマンとは相性抜群の食材ばかりだ。

果たして、彩りも香りも鮮やかな、ピーマンの肉詰めができあがった。子どものひと言で料理を考える、そんな時間が好きである。

ピーマン　8個

詰め物
豚薄切り肉(バラまたは肩ロース)　100g
ピーマン　80g
玉ねぎ　80g
ミニトマト　80g
辣油(下記)　5〜10g(好みで)
米油またはごま油　10g
かつおぶし　4g
片栗粉　大さじ1
塩

仕上げ
ミニトマト　8個
米油
塩
しょうゆ
糸削り

ピーマン8個はへたのある部分をふたになるように切り、種をくり抜く。
詰め物を作る。
豚肉は適当に刻んでボウルに入れ、辣油、米油またはごま油、塩を加えて糸を引くまでしっかりと練る。
詰め物のピーマン、玉ねぎ、ミニトマトはすべて粗く刻み、
肉だねに加える。
かつおぶしと片栗粉を加えてよく混ぜる。
くり抜いたピーマンに詰め物を等分してぎっしりと詰め、ふたをする。
天板にピーマンが倒れないように合間にミニトマトを詰めて並べ、
米油をまわしかける。
220℃のオーブンで30分ほど、おいしそうな焼き色がつくまで焼く。
食べる時に塩をふり、好みでしょうゆと糸削りをかける。

・豚肉のかわりに、鶏肉、牛肉、魚を刻んで作ってもおいしい。

辣油の作り方……瓶に韓国の粗びき唐辛子適量と赤唐辛子を数本入れ、煙が出るほどに熱した米油を少しずつ加えて味がなじむまでおく。

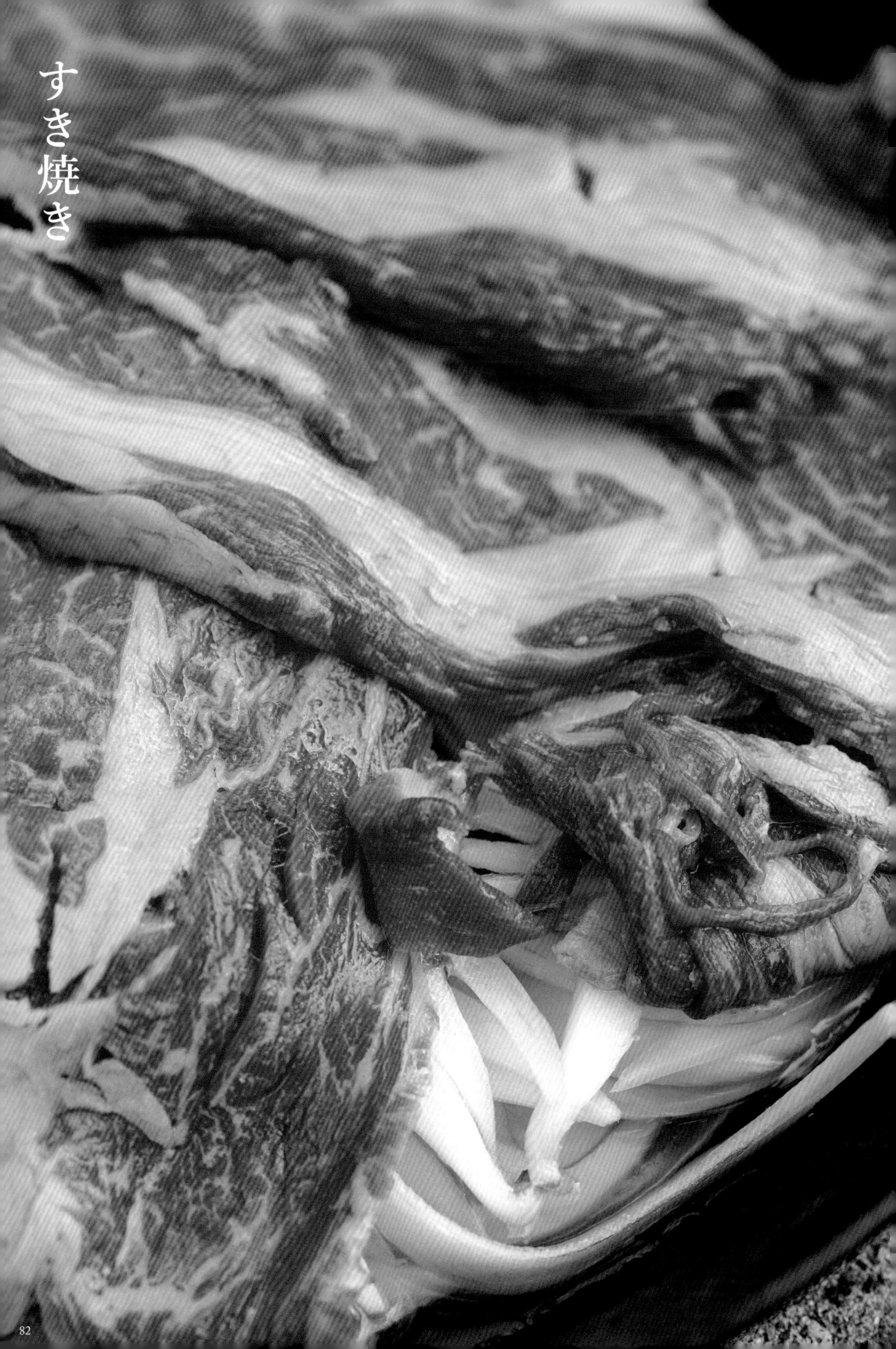

すき焼き

すき焼き

あまり牛肉を料理しない母が作る、数少ない和風の牛肉料理は、すき焼きと牛肉の甘辛炒めだった。

すき焼きは家族が集まる時、甘辛炒めは母と二人きりの夕飯の時によく作ってくれた。どちらもしょうゆと砂糖が混じり合う味つけで、きっと多くの日本人がそうであるように、そのほっとする味を私も愛した。

母のすき焼きにはしらたきが入る。私のお目当ては、牛肉よりも味のしみたしらたきだった。最後は煮詰まった汁にごはんを入れ、卵を加えてとろとろのおじやにする。合間にこま切れになった肉やしらたきが見え隠れする、いつになく濃口のおじやと大根のぬか漬けは、ことのほかよく合った。

しかし、左党の夫と甘い料理を嫌う娘は、砂糖の入った料理には顔をしかめる。だから、わが家ですき焼きをする時も、砂糖やみりんを入れず、酒としょうゆだけで作るようになった。母のすき焼きを思い出し、甘辛い味が食べたいと思う時は、自分の肉にだけこっそりと砂糖をふる。

素材そのものの甘みを生かすため、私はふだんから料理に砂糖やみりんをほとんど使わない。ただ、改めて、すき焼きだけは、少しどこかにほっとする甘みが欲しいと感じている。そこで思いついたのが、野菜の甘みを生かして作るすき焼きである。春から夏は新玉ねぎ、秋からはねぎ、それだけを刻んでとにかくたくさん入れる。肉は食べたい分だけ。割下のかわりにだしと酒で煮て、多めにしょうゆをたらした卵にくぐらせる。割下で煮る時のように煮詰まらないため、最後まですっきりいただけるのがうれしい。

材料さえそろっていれば、あっという間に準備が整うのもいいところ。お腹は空いているけれど、凝ったものを作る気力や時間がないという時にも、ぜひ作ってもらいたい。

牛すき焼き肉
新玉ねぎ
酒
昆布といりこのだし
卵
しょうゆ

新玉ねぎは繊維に沿って薄切りにする。
鉄鍋に底一面を覆うくらいの量の酒を注ぎ、新玉ねぎをこんもりと盛る。
1回で食べる分の牛肉を1枚ずつ、新玉ねぎの上に盛る。
新玉ねぎが隠れるくらいの量のだしを牛肉の上から注ぐ。
追加する分の新玉ねぎと牛肉、だしは別に用意しておく。
めいめいの器に卵を割り、しょうゆをやや多めに入れる。
卓上で鍋を強火にかけ、新玉ねぎが煮えてきたら火を弱める。
牛肉にうっすら赤い色が残るくらい煮えたら、ざっと溶いた卵じょうゆに新玉ねぎと共にからめて食べる。
牛肉は、2枚目からは各自で好きな頃合いで加え、
新玉ねぎやだしが減ってきたら、随時加えながら煮る。

・新玉ねぎまたはねぎの他に、大根、白菜、トマト、せり、きのこなどをもう1種類だけ組み合わせ、四季折々のすき焼きを楽しむのもよい。
・だしを入れることで全体がまとまり、脂を使わなくても焦げつかない。
・肉は牛肉に限らず、豚、鶏、鴨、猪肉など、それぞれにおいしい。

トマトのサラダ

トマトのサラダ

物心ついた時から変わらぬ私の好物といえば、トマトだ。

母はトマトをきんきんに冷やし、皮をむいた。薄く切り、形を崩さないよう盛りつけ、ぱっぱっぱっと食卓塩をふる。トマトを盛るのはいつも、かにの模様が彫られたガラスの大皿で、いまも実家に帰ってその皿を見ると、私は母のトマトを思い出す。どれだけたくさん料理が並んでも、私は真っ先にトマトに手を伸ばし、皿に残った汁は必ず一滴も残さず飲み干した。料理上手の母が作ってくれた中で、“切っただけのトマト”が一番に浮かぶのもおかしな話だが、それが原体験にあるからこそ、トマトへの熱い想いは褪せることがない。

時は流れ、北イタリアで過ごしたある夏の日、知らぬ間に大きくなっていた親知らずを抜くことになった。異国で歯を抜く恐怖に震える私の心配をよそに、腕利きの歯科医の友人は、私が力む間もなく抜歯を終えた。拍子抜けしつつも、滞在先の宿に帰ってしばらくは病人気取りで寝ていたが、正直、もう痛くもなんともなかった。「夕飯食べる？」という声で台所へ降りて行くと、用意してくれたのが“トマトとにんにくのサラダ”だった。“牛の心臓”と呼ばれる襞のある大きなトマトを切り、フォークに刺した半割りのにんにくを切り口にこすりつける。バジリコを散らし、オリーブ油と赤ワインビネガーをかけ、塩をふる。「ああ！」思わず声が漏れる。よく熟れた生ぬるいトマトに混じって香り立つ、にんにくとバジリコ。つん、と鼻を抜けるビネガーの匂い。親知らずを抜いたことなどすっかり忘れて、私は皿の上にしみ出た汁まで、パンでぬぐってきれいに平らげた。

熊本のトマトはおいしい。それだけでも、この土地に嫁いだ甲斐があった。春、赤く輝くトマトが市場にたくさん並び始めると、私の心は高鳴る。待ちに待った季節の到来。それから夏にかけて、トマトを食べない日はない。トマトは買ってきたらすぐにオリーブの大鉢に移す。昔、イタリアの工房で作ってもらった愛用の品で、本来はサラダボウルだが、わが家ではトマトや果物の住処になっている。旬の間は、いつも溢れんばかりのトマトがないと不安になる。トマトは私の精神安定剤なのだ。どう料理するかは後から考える。

イタリアのトマト、そして、熊本のトマト。台所に立ち、傷つけないようにそっと手に取る。匂いを嗅ぎ、色を眺め、考える。へたを取り、包丁を入れながら、最後の最後まで考える。塩をふっただけの母のトマトを超える煌めきを、私はずっと探し続けている。

トマトと梅琥珀のサラダ

トマト
梅琥珀(p.69)
酢
塩

トマトはほどよく冷やしておく。
へたを除き、厚めの輪切りにして皿に盛り、梅琥珀を粗く崩してかける。
酢をまわしかけ、塩をふる。

・梅琥珀はトマトの他、焼いたパプリカやなす、生野菜の塩水漬けやかつおのたたき(p.69)、わかめなどにも合う。
・酸味、塩味、そして香味という3つの要素を兼ね備えた梅酢は、特に暑い季節の料理に重宝する。それらを一つの塊にした梅琥珀は、きらきらと透明な輝きで素材を引き立て、ほどよくからんでくれるのがうれしい。

トマトとにんにくのサラダ

トマト
にんにく
バジリコ
オリーブ油
赤ワインビネガー
塩

トマトはへたを除き、小さいものは半分に、大きいものは適当な厚さに切り、切り口を上にして皿に並べる。
にんにくの切り口をトマトにこすりつけ、バジリコの葉を散らす。
オリーブ油と赤ワインビネガーをまわしかけ、塩をふる。

・葉物のサラダににんにくの香りをほんのりときかせたい時は、サラダボウルににんにくをこすりつけてから和えるとよい。

トマトとコリアンダーの花のサラダ

トマト
コリアンダーの花
レモン
梅酢
米酢
塩

トマトはほどよく冷やし、へたを除いて乱切りにする。
器に盛り、レモンを搾り、梅酢と米酢をまわしかける。
塩をふり、コリアンダーの花を散らす。

・"さんさんさん"と私が呼ぶ、レモン、梅酢、酢の3つの酸味の組み合わせは、トマトをはじめ、様々な素材のサラダに奥行きをもたせてくれる。
・コリアンダーの白い花は、その可憐な姿はもちろん、優しい香りと軽やかな食感が素晴らしい。花が咲く初夏のほんの一瞬を逃さず、料理にあしらうのが毎年の楽しみになっている。

トマトとピーマンのサラダ

トマト
ピーマン
赤ピーマン
新玉ねぎ
パセリ
米油
酢
塩

トマトはへたを除き、厚めの輪切りにして、重ねないように皿に盛る。
ピーマンと赤ピーマンはへたを除いて粗く刻む。
新玉ねぎは粗みじん切りにして水にさらし、水気をしっかりと切る。
パセリは葉を粗みじん切りにする。
刻んだ野菜を合わせ、米油、酢をかけて混ぜ、
トマトの上にたっぷりとかける。
よく冷やしておき、供する直前に塩をふる。

・ガスパチョのような味わいのこのサラダは、洋風料理にも和風料理にもよく合い、コリアンダーの葉とごま油を加えれば中華料理との相性もいい。
・ピーマン、赤ピーマン、新玉ねぎ、パセリの量は、混ぜた時に切ったトマトを覆うくらいの量を使う。

かぼちゃのポタージュ

かぼちゃのポタージュ

かぼちゃを丸のまま焼き、種や皮を除いてから料理に生かすアイディアは、イタリアで学んだ。イタリアのかぼちゃは日本のものにくらべて水っぽく、蒸すとなおさら水っぽくなる。そこで、オーブンでじっくりと焼いて水分を飛ばしてから、ラヴィオリの詰め物やニョッキを作るのである。

日本ではかぼちゃの料理やお菓子を作る時、あらかじめ蒸してから使うことが多い。日本の西洋かぼちゃはもともと甘く、ほくほくとしているが、イタリア式丸焼きにしてから料理すると、蒸すよりも味が凝縮して、種のまわりのわたまでおいしく食べられる。

触ると崩れるほどにやわらかく焼けた丸焼きかぼちゃを割って、オリーブ油と塩をふって食べるだけでも立派なひと皿になる。夏に、かぼちゃ、なす、甘長唐辛子、赤玉ねぎなどをすべて丸のままオーブンで焼く“野菜の丸焼き”に、ハーブやアンチョビをきかせたソースを添えると驚くほどたくさんの野菜が食べられる。

ポタージュを作る時には、焼いたかぼちゃに油をまぶしてもう一度焼く。丸のまま焼くのはかぼちゃをやわらかくし、風味を凝縮させるため。油をまぶして再び焼くのは、香ばしさを出し、一種類の野菜だけで作ってもポタージュに深みが出るからだ。

かぼちゃに限らず、栗、にんじん、かぶ、パプリカ、玉ねぎ、さつまいもなど、じっくり焼くことで甘みの出る素材であればすべてに応用できる。焼くと香ばしさだけではなく、甘みと風味も増すので、スープストックやベースの玉ねぎなど、プラスアルファの要素は何もいらない。必要なのは塩と水、油だけだ。

また、ポタージュはとろりと重たいイメージがあるが、十分に野菜のこくを引き出したら、ふんわりとした食感に仕上げるのが断然おいしい。まずは、おたまですくった時に、さらりと流れるくらいに水の量をととのえる。そして、必ず皿に盛る前にもう一度ミキサーやブレンダーで念入りに攪拌する。そうすると、表面にカップチーノのような泡が立ち、口の中で儚く消える余韻が生まれる。ポタージュのおいしさは野菜のおいしさをどれだけ引き出せるか、そして、どれだけ空気を含ませることができるかにかかっている。

4〜6人分

かぼちゃ	400g
オリーブ油	20g
水	約600g〜
塩	
柑橘	

かぼちゃは丸ごとの場合はそのまま、切ってあるものは皮を下にして
オーブンシートを敷いた天板にのせる。
250℃のオーブンで20〜30分ほど焼く。
こんがりと焼き色がつき、手で触るとふんわりとやわらかくなっていたら取り出す。
種とわたをかき出して小さなざるに入れる。
皮をむいて適当な大きさに切り、オーブンシートを敷いた
天板に並べる。
果肉にオリーブ油をまぶし、250℃のオーブンで10分ほど、
しっかりと焼き色がつくまで焼く。
鍋に焼いたかぼちゃ、水、塩を入れ、その上に種とわたのざるを重ね、
ふたをして中火にかける。
煮立ったら火を弱めて10分ほど煮る。
ざるの中身を濾して鍋に入れ、種は除く。
ミキサーやブレンダーにかけ、
すくった時にさらりと流れるように、必要に応じて水を加えて攪拌し、
塩味をととのえる。
熱々、ぬるく、冷たく、好みの温度にする。
盛りつける直前にもう一度、泡が立つくらいまでしっかりと攪拌する。
器に盛り、柑橘を少々、全体にまわしかけるように搾る。

・かぼちゃそのものの風味で、できあがりの印象が変わる。甘くてほくほくのかぼちゃ、あっさりとしたかぼちゃ、それぞれにおいしい。
・味をみてこくが足りない時は、牛乳を少しだけ最後に加えるとよい。寒い日には、下焼きしたかぼちゃをバターで炒めてもおいしい。
・仕上げに搾る柑橘は、すだち、かぼす、シークワーサー、柚子、レモンなど、好みのものを。

ポテトサラダ

ポテトサラダ

マヨネーズを作ったら、必ずポテトサラダを作る。ハンバーグを作る時には必ずポテトサラダを作る。私はこういう決まりごとに従うのが好きである。

母は、じゃがいもの皮をむいて切り、ひたひたの水でゆでた。粉ふきいもの方式で水気を飛ばし、つぶしたじゃがいもは、きゅうりと玉ねぎの塩もみを加え、赤いキャップのマヨネーズで和える。たまににんじんが入ったり、ゆで卵が入ったりと、決して同じ料理を作ることのない母らしく、ポテトサラダも一度として同じ味のものはなかった。

自分でポテトサラダを作るようになってからは、じゃがいもは皮ごと蒸し、マヨネーズは手作りしている。母に倣い、長らく玉ねぎときゅうりは欠かさなかったが、近頃、私のポテトサラダは変わった。

野菜の産地で暮らしていると、旬の野菜以外は手に入らないことも少なくない。その分、旬真っ盛りの圧倒的なおいしさを知ってしまうと、自然と体が旬以外のものを欲しなくなることに気づく。

冬のある日、ポテトサラダを作ろうと考える。季節外れのきゅうりを入れるのはやめよう。そもそも、必ず何かを入れなくてはいけないわけではないはずだ。おいしいじゃがいもをおいしいマヨネーズで和える。ただそれだけで、いや、それが一番だということをいまさらながら知った。ポテトサラダだから、主役はじゃがいも。脇役には思い切って退散してもらおう。

肉料理やフライを添えて、パンのおともに、じゃがいもだけで作ったポテトサラダは何と合わせても、輝きを放つ。上からとろりとかけたマヨネーズは、できたてのマヨネーズのしるし。真冬の雪山のようなこのポテトサラダが、私は心底好きである。

マヨネーズ

作りやすい分量

卵　1個(正味約55g)
塩　5g
米油または菜種油　150g
酢　5g

卵は室温に戻しておく。
手で混ぜる場合は、ボウルに卵を割り入れ、塩を加えて泡立て器で混ぜる。
油を1滴ずつたらすように加えながら混ぜ続ける。
もったりとして白っぽく乳化したら、
残りの油は一気に加える。
油が完全に混ざったら、酢を加え、塩味をととのえる。

・卵の大きさが極端に大きかったり、小さかったりする時には、重さをはかり、その他の材料の量も変えて作る。
・ミキサーで作る場合は、手で混ぜる場合と同様に油を加える。ハンディブレンダーの場合は、すべての材料を合わせてから攪拌する。
・ハーブやスパイス、にんにくなどを加えると、様々な香りのマヨネーズができる。
・市販品のように保存がきかないため、冷蔵庫に入れて早めに使いきる。

ポテトサラダ

じゃがいも　400g
マヨネーズ
酢　5〜10g(好みで)
塩

じゃがいもは皮つきのまま、ごくやわらかく蒸す。
熱いうちに皮をむき、フォークで大きな塊がなくなるように崩す。
すぐに酢と塩をまぶし、冷ましておく。
供する直前にマヨネーズをじゃがいもの重さの約1/6量を加えて練らないように混ぜ、塩で味をととのえる。
器に盛り、マヨネーズをひとさじかけ、粗塩をふる。

・じゃがいもは、異なる品種のものを混ぜると風味や食感が変わって楽しい。

クリームコロッケ

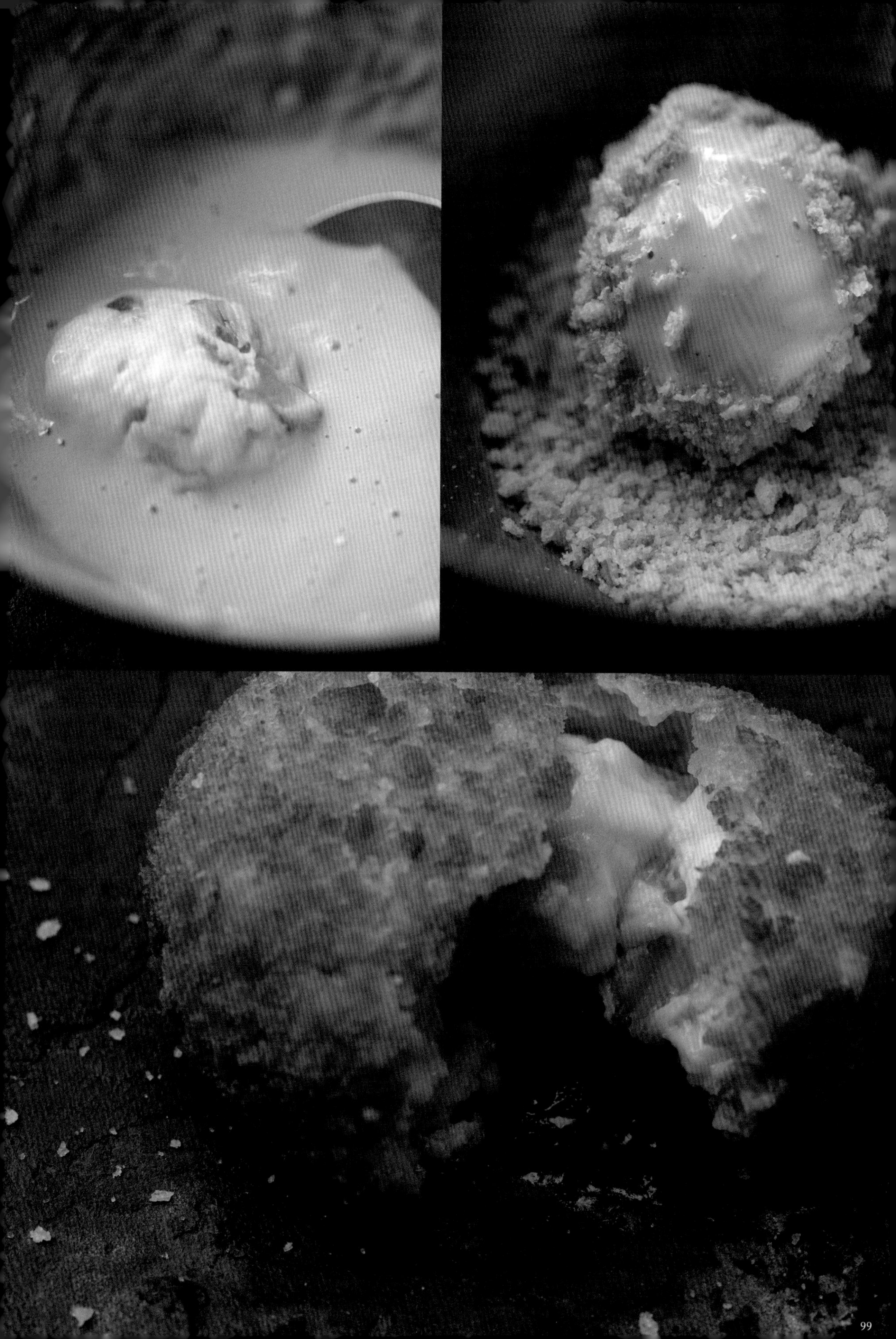

クリームコロッケ

クリームコロッケ、グラタン、ドリアなど、ベシャメルソースを使った料理もまた、私が長いこと避けてきたものの一つだ。大人になるまで、ホイップクリームも食べられなかった。

しかし、食の嗜好は変わる。嫌いなものがいつの間にか食べられるようになったり、逆に、好きだったものが、縁遠くなってしまうこともある。そして、こういう変化は喜んで受け容れたいと思っている。

イタリアではベシャメルソースはトマトソースと並んで、そこから派生する料理を支える“母なるソース”の一つだ。ラザーニャやカンネッローニなど、手打ちパスタをオーブンで焼く料理には欠かせない、影の立役者である。

暮らしていた中部イタリアの田舎町で、週末、友の家に招いてもらった時のこと。おばあちゃんが作って待っていてくれたのが、白いラザーニャだった。卵色のやわらかな生地と、きのことグリーンピースが入った白いなめらかなソース、チーズを重ね、オーブンで香ばしく焼く。ラザーニャといえば、赤いラグーが入るものと思い込んでいた私は、“白いおいしさ”にはっとした。

ベシャメルソースはメディチ家の時代に発祥を遡る、歴史の古いソースだ。私もこの歴史あるソースを愛し、自分なりに料理に生かしてゆこう。あの時、そう思ったかは忘れてしまったが、知らぬ間に、私はベシャメルソースが好きになっていた。

クリームコロッケには､季節の実りを閉じ込める。かために炊いたベシャメルソースと、季節の素材を一つだけ。ひと口齧ればミルクのこくと季節の香り。

次は、何を入れようかと考えながら、きょうは栗のクリームコロッケを作っている。

12個分

ベシャメルソース
バター　40g
強力粉　40g
牛乳　300g
塩　2つまみ

好みの具(写真はゆで栗)　200g

衣
卵　1個
薄力粉　50g
水　20〜30g
パン粉

揚げ油(米油など)
塩

ベシャメルソースを作る。
鍋を弱火で熱して冷たいバターを入れ、溶けたらすぐに強力粉を加えてへらで混ぜる。
なめらかになったらしばらく粉に火を通すように炒め、ふつふつとしてきたら、牛乳を50gほど加えてよく混ぜる。
むらなく混ざったら同様にして牛乳を加えることを繰り返し、ある程度ゆるくなったら残りの牛乳をすべて加え、泡立て器で混ぜながら煮る。
中火でたえず混ぜながら煮て、中心からぐつぐつと沸騰したら塩を加え、火を止める。
下ごしらえをした好みの具を入れて混ぜる。
バットに広げてラップを表面にはりつけ、冷蔵庫で1時間以上冷やす。
べたつかなくなったら12等分し、好みの形にまとめる。
衣を作る。
小さなボウルに卵を溶き、薄力粉を加え、さらに水を加えて
とろりとするまで混ぜる。
コロッケのたねを衣に入れてスプーンなどでころがしてまぶし、
続いてボウルに入れたパン粉の中でころがしてまぶす。
中弱火で熱した揚げ油に入れ、下の面が色づいたら裏返す。
全体においしそうな色がついたら油を切り、粗塩を添えて供する。

・具は栗、さつまいも、じゃがいも、かぼちゃ、きのこ、ぎんなん、カリフラワー、ゆりね、アスパラガス、グリーンピース、玉ねぎ、とうもろこしなど、季節の野菜を使う。ゆでる、炒めるなど、素材に合った下ごしらえをする。
・中身が冷えすぎていると、揚げた時に中まで熱々にならないことがあるので、火加減を調整しながら揚げる。
・パン粉はいつもおいしい食パンを挽いて作っている。適当な大きさにちぎり、フードプロセッサーで好みの細かさになるまで攪拌する。

なすのグラタン

なすのグラタン

シチリアで暮らしていた頃、絶品のなす料理の数々に出会った。揚げなすが主役の甘酸っぱい前菜“カポナータ”、トマトソースのパスタに揚げなすをのせ、ペコリーノを削った“ノルマ風パスタ”など、シチリアの伝統料理に揚げなすは欠かせない。“なすのパルミジャーナ”はシチリアに限らず、南イタリアではよく作られるが、野菜料理とは思えない、どっしりとした存在感に驚く。その秘密は、なすの揚げ方にある。

イタリア式揚げなすは、オリーブ油でこんがりと色づくまで丹念に揚げる。火が通ってもなお、濃い飴色になるまでじっくり揚げる。その分、香ばしく、野菜であることを疑うほどの旨みが出る。なすがもはや肉の塊のような存在感で迫ってくるのはそのためだ。

滞在先のお母さんがなすを揚げるのをよく目にしたが、それはひと仕事だった。なすを切り、塩をまぶしてざるに重ねて入れ、軽い重石をしておく。真っ黒な水が出てきたら洗い、水分を一枚一枚拭き取る。油で焦げ茶色になるまで揚げたら、またざるに重ねて油を切る。そして、ひとたび吸い込まれた油は、結局のところなす同士にからみ合いながら、ざるの下からじわり、じわりと滲み出てゆく。

シチリアの女性たちは、体のラインを気にして、「どうしたら油をこんなに吸わせずに料理ができるのか？」とよく話し合っていた。イタリア人にとって、ノンオイルの料理はありえない。できるとしたら、油を減らす工夫をすることだけだ。

とことん油をカットしたいならば、グリルなどで素焼きにするのがよいが、あまりあっさりしすぎたパルミジャーナは物足りない。そこで、なすに油をまぶしてオーブンで焼く。焼くと水分が飛んでしわしわになるが、その分、味も香りも凝縮する。驚くほど薄っぺらくなったなすも、トマトソースと重ねてオーブンで焼けば、また瑞々しく蘇る。

同じ作り方で、他の野菜にも応用できる。グラタンは熱々がおいしいが、夏野菜とトマトソースで作ると、冷めても別のおいしさが生まれるのがうれしい。もし、いまシチリアへ旅するとしたら、何を食べたいか夢想してみる。いろいろあるが、結局のところ、忘れられないのは、あの、艶々と焦げ茶色に輝く揚げなすなのかもしれない。何だかんだ言っても、たっぷりの油でこんがりと揚げたなすは、文句なく旨いのだ。

なす　約400g（大2本）
オリーブ油
塩
バジリコ
好みのチーズ
（グリエール、ゴーダ、コンテなど）　100g
パルミジャーノ・レッジャーノ　20g

トマトソース	作りやすい分量
トマトの水煮	400g
玉ねぎ	50g（約1/4個）
バジリコ	1枝
オリーブ油	40g
塩	

トマトソースを作る。
鍋にトマトの水煮、粗みじん切りにした玉ねぎ、オリーブ油、塩を入れて中火にかける。
時々混ぜながら10分ほど煮て、とろりとしたら火を止めて、バジリコを枝ごと沈めておく。
なすは1cm厚さの輪切りにし、水にさらす。
水の色が変わったらこぼし、水がきれいになったらざるに上げる。
なすにオリーブ油と塩をまぶし、オーブンシートを敷いた天板に重ねないように並べる。
250℃のオーブンで10〜15分、焼き色がつくまで焼く。
耐熱皿にトマトソースを敷き、なすを並べ、
トマトソースを塗り、バジリコの葉をちぎってのせる。
好みのチーズを刻んで散らし、パルミジャーノ・レッジャーノをおろしかける。
材料がなくなるまで繰り返し重ねてゆき、最後はパルミジャーノ・レッジャーノで終える。
220℃のオーブンで15分ほど、芯まで熱々になり、こんがりとするまで焼く。

・トマトソースは赤玉ねぎや新玉ねぎで作ると、甘みが出ておいしい。
・チーズはモッツァレラを使う場合は、刻んだらざるにのせて水気をしっかりと切っておく。
・同じ作り方で、ズッキーニ、じゃがいも、パプリカなど他の野菜でも応用できる。

フライドポテト

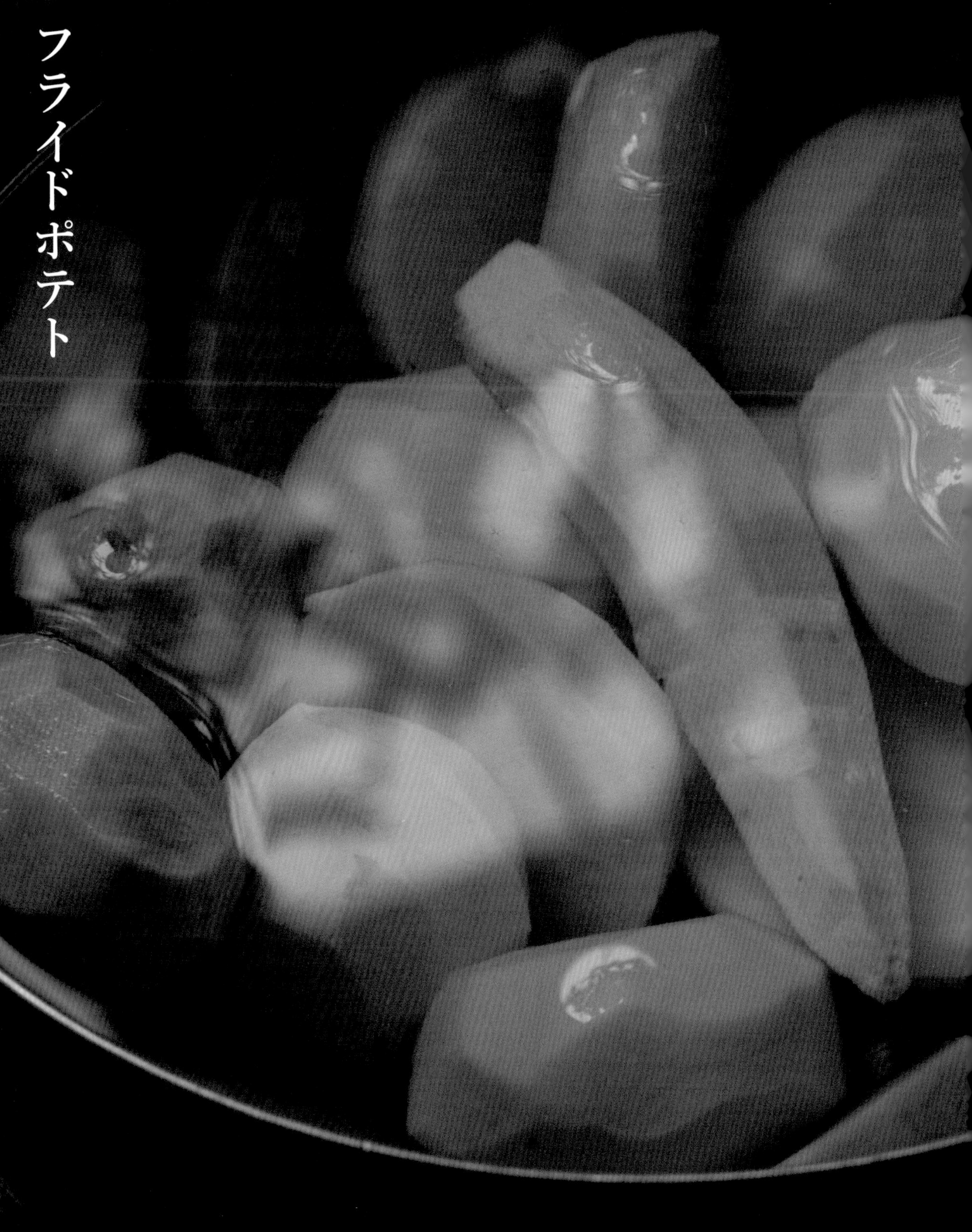

フライドポテト

イタリアの小さな町で料理学校に通っていた頃、足繁く訪れた食堂があった。静まり返った石畳の路地の壁に、“マリオーラの店” と書かれた小さな看板。プラスチックの暖簾を分け入ると、薄暗く、どこか陰鬱な雰囲気が漂っている。客のほとんどは老いた男たちで、別の客の背中を見つめながら、ひとりパスタや肉を貪り、安ワインを飲んでいる。相手がいるわけでもないのに、延々と喋り続ける男、宙を見つめる男。一瞬ひるんだが、勇気を奮って空いた席に座る。料理を待つ間、彼らが咀嚼する音、フォークと皿がぶつかり合う音が耳の中でこだまする。人が “食べる” という行為に否応なしに向き合う、濃密な時間。

食堂の主・マリオーラは透き通るような白髪を結い上げ、水色の瞳は鋭く光っていた。料理の合間に時折、厨房から出てきては、腰に手を当てながらぶっきらぼうにまくし立てる。私はその声を聞くともなく、黙々と目の前の料理と対話する。トマトソースのタリアテッレ、赤いラザーニャ、兎肉のロースト、そして、じゃがいものフリット。飾り気はないが、魂に直接訴えかける彼女の料理に、私の心は強く揺さぶられた。昼は路地から差し込む穏やかな光の中で、夜は蛍光灯の冷たい灯りの下で、私は奇妙な安堵に包まれながら、来る日も来る日もひとりで食べた。厨房から料理の音に混じって漏れ聞こえるマリオーラの声。何に向かい、何を呟いているのかはわからなかったが、それらは音楽のように耳に流れ込み、私を酔わせた。新しいレシピをひたすら習い、作り続ける料理学校の日々に、いくばくか居心地の悪さを感じていた私の心は、ここでは自由になれた。料理とは、食べるとは、そればかりを考え続けた。

彼女は私を “中国のお嬢ちゃん” と呼んだ。アジア人は皆中国人だと思っていたのだろう。決して愛想はよくなかったが、間違えて休みの日に訪れた時も、「そこに座って食べてお行きよ」と、親戚が集まる食卓の脇で、まかないを食べさせてくれた。

ある日、じゃがいものフリットを頼んだ私に、マリオーラはいつものように腰に両手を当てながら、じゃがいもを揚げるこつを早口で教えてくれた。早速、暮らしていたアパートで作ってみたが、当時の私には彼女のように揚げることは叶わなかった。

あれから十数年。きっとあの店はもうない。あの頃よりずっと上手にじゃがいもを揚げられるようになった私に、マリオーラはなんと声を掛けるだろうか。

じゃがいも
上新粉
米油
オリーブ油
塩

じゃがいもは皮をむき、好みの形に切る。
ボウルに入れ、たっぷりの水にさらす。
水が透明になるまで替えたら、ざるに広げて水気を切る。
ペーパータオルで残っている水気をていねいに拭き取る。
ビニール袋に上新粉を適量入れ、じゃがいもを入れてまぶし、取り出して余分な粉を払う。
フライパンにじゃがいもが浸るくらいの米油を注ぎ、オリーブ油を少し足して中弱火にかける。
油が温まったら、じゃがいも入れて揚げる。
しばらく触らないようにし、下の面がうっすら色づいたら返す。
全体がきれいな黄金色になったら網に取り、油を切る。
細かい塩をまぶして皿に盛り、粗塩をふる。

・じゃがいもの他、さつまいもや里いもなどを揚げてもよい。
・油は米油だけでもいいが、オリーブ油を少し足すとより香ばしく揚がる。
・粉がらし10gを水15gと酢15gで練ったからしのソースを添えてもおいしい。

レバーペースト

レバーペースト

レバーといえば子どもの頃、毎日のように鼻血を出していた私のために、母がせっせと拵えてくれたのが、甘辛いたれがからんだ鶏のレバーだった。そのこっくりとした味つけが好きで、鼻血は面倒だが、これが食べられるならば悪くないと思っていた。

大学を出て料理を学ぶためにイタリアに渡り、二番目に暮らしたフィレンツェの街。しばらくの間通った語学学校の校長先生が、田舎の別荘でイタリア語と料理を教えてくれるというので、参加してみることにした。

“薔薇の農場”と名づけられたその家は、トスカーナらしい風情のある石造りで、部屋から庭の隅々まで住み手の心がゆき届いていた。長く使い込まれた調理器具や暖炉、庭に咲き乱れる薔薇や野の花。すべてが絵画のようで、そこで過ごす毎日が夢の中だった。先生は、自身で料理をするだけではなく、村の料理人を招いたり、食堂に連れ出してくれたりと、精いっぱい、私に土地の料理を教えてくれた。

その一週間で学んだことは数えきれないが、なかでも心に残っている料理の一つが“レバーのクロスティーニ”、つまり、レバーペーストを塗った小さなパンの前菜だ。トスカーナ流のレバーペーストは、アンチョビやケッパー、赤ワインを入れて作るキレのある味で、テラコッタの器に入れ、小さな蝋燭で温めながら食べる。レバーといえばあの甘辛いしょうゆ煮に慣れ親しんだ私には新鮮で、薄暗い食卓で蝋燭の光を見つめながらつまんだ、小さなパンに塗った温かなレバーペーストはいまもずっと心に残っている。

その後、シチリアで、飴色に炒めた玉ねぎとマルサーラ酒、そして、たっぷりのバターで作るレバーペーストに出会った。同じ国で、こうも違う料理になるのかと驚くほど、まったく別のおいしさだった。シチリア生まれのマルサーラは、太陽の光で甘みを増したぶどうの濃い香りが、くせのあるレバーを引き立てる。でも、マルサーラがなくても、香り高く、飲んでおいしい洋酒があれば、極上のレバーペーストができる。トスカーナ流はほんのり温め、シチリア流はしっかり冷やすのも、おいしく食べる秘訣だ。

薪窯で焼いた田舎パンが届いたある日、レバーペーストを分厚く塗り、冷えたバターをのせてがぶりと齧る。

今度は久しぶりにトスカーナ流を作ってみよう。冬、小さなアルコールランプにテラコッタの器をのせて、レバーペーストを温めながら食べるのだ。あの先生は、いまもお元気だろうか。

作りやすい分量

鶏レバー	200g
玉ねぎ	200g
ローリエ	2枚
好みの洋酒	40g
オリーブ油	20g
バター	20g
塩	
こしょう	

鶏レバーは白い脂肪と血の塊をていねいに除き、冷水にしばらくつけて血抜きをする。
ざるに上げ、再び冷水にしばらくつけてからざるに上げ、水気を切っておく。
玉ねぎは薄切りにする。
フライパンを中火で温めてオリーブ油を引き、中強火で玉ねぎとローリエを炒める。
時々混ぜながら炒め、塩をふり、濃い焼き色がつき始めたら水を少々加え、こんがりと色づくまで炒める。
飴色になったら鶏レバーを加え、強火でつぶさないように炒める。
ほぼ水分が飛んだら、洋酒をまわしかけてアルコールを飛ばす。
強火のまま時々混ぜながら炒め、再び水分が飛んだら火を止める。
ローリエを除いてこしょうを挽き、フードプロセッサーで攪拌する。
なめらかになったら、冷たいバターの薄切りを加えてさらに攪拌し、塩味をととのえる。
器に移し、空気を抜くようにラップをして、よく冷やしておく。

・田舎パンにたっぷりとのせ、冷たいバターの薄切りをのせて食べる。
・洋酒はマルサーラ、ブランデー、シェリーなどを。

エスカベッシュ

エスカベッシュ

兄と私はそろって酢が大好きな兄妹だった。よく、酢をそのままコップに入れ、ぐいっと飲んでは、「あー！！」とビールを飲んだ後の父の真似をして声を上げ、喉のあたりが灼けるような感覚に酔いしれた。

酢、梅、柑橘、いまも酸味のあるものはなんでも好きだが、イタリアでの赤ワインビネガーとの出会いは、私の料理の幅をぐん、と広げてくれた。とはいえ、イタリアに暮らし始めた頃は、その強い酸味になかなか慣れることができずにいた。しかし、ある家を訪れた時に、自家製のワインからビネガーを作っていることを教えてもらい、俄然、興味が湧いた。巨大な瓶の中に残ったワインに、折ったスパゲッティを入れておくと、それが酵母となっていつしか酢ができるという。酢を作るのにパスタを使うとは、なんとイタリアらしい発想だろう。そして、その日を境に、香り豊かな赤ワインビネガーは、ほんの数滴垂らすだけで、シンプルなグリーンサラダを輝くひと皿に変えてしまうことを知った。

他にもワインビネガーを使った傑作料理はたくさんあるが、なかでも印象的なのは、シチリアのアグロドルチェ、ピエモンテのスカペーチェ、ヴェネトのサオールという料理法だ。酢の使い方や、組み合わせる食材はそれぞれ異なるが、共通するのは強い酸味が油と組み合わさり、時間がたつことでまろやかになるところだ。スカペーチェやサオールは工程を見る限り、イタリア版“エスカベッシュ”と言っていいだろう。日本の南蛮漬けにも繋がる。

南蛮漬けにも玉ねぎは欠かせないが、赤玉ねぎと赤ワインビネガーはことのほか相性がよい。一緒に火を通した時に生まれるひときわ鮮やかな色は、眩いほどの美しさだ。エスカベッシュに使うと揚げた魚以上に人気があり、もはや魚か赤玉ねぎか、どちらが主役かわからないほどだ。赤玉ねぎを食べたいから、魚を揚げよう。野菜が主役の魚料理があってもいいではないか。

好みの魚(写真は鯖)	400g
塩	
小麦粉	
揚げ油(米油など)	

赤玉ねぎのマリネ

赤玉ねぎ	200g
赤ワイン	200g
赤ワインビネガー	100g
黒粒こしょう	10粒
塩	10g

魚は三枚におろし、血合いや骨があれば除いて適当な大きさに切る。
塩少々をふり、30分ほど冷蔵庫でおく。
赤玉ねぎのマリネを作る。
赤玉ねぎは縦半分に切り、切り口を下にして置く。
くし形になるように途中まで切り込みを入れる。
切った分だけはがし、手でばらす。
同じことを繰り返し、すべてが同じくらいの大きさになるようにする。
鍋に赤ワイン、赤ワインビネガー、黒粒こしょう、塩を入れ、
ふたをして中火にかける。
煮立ったら赤玉ねぎを入れ、数分ほど煮て、ややかたさが残るくらいで火を止める。
ふたをしたまま冷まし、鮮やかな色に染まるまでおく。
魚から水気が出ていれば拭き取り、小麦粉をまんべんなくまぶす。
鍋に揚げ油を入れて中火で熱し、魚を入れて揚げる。
全体がこんがりとしたら油を切り、器に盛る。
マリネした赤玉ねぎをのせ、残った汁は火にかける。
沸騰したら全体にまわしかけ、しばらくおいて味をなじませる。

・魚は青魚、白身魚、他に揚げたなすやズッキーニ、パプリカ、かぼちゃなど、野菜で作るエスカベッシュもおいしい。
・赤玉ねぎのマリネは冷やして、アボカド、ゆで鶏、魚の刺身などと合わせると気の利いた前菜や主菜になる。黒粒こしょうの他、クローブやシナモンなどを加えてもよい。
・魚を揚げた油でフライドポテトを揚げ、熱々をエスカベッシュに添えるのもよい。

クリームシチュー

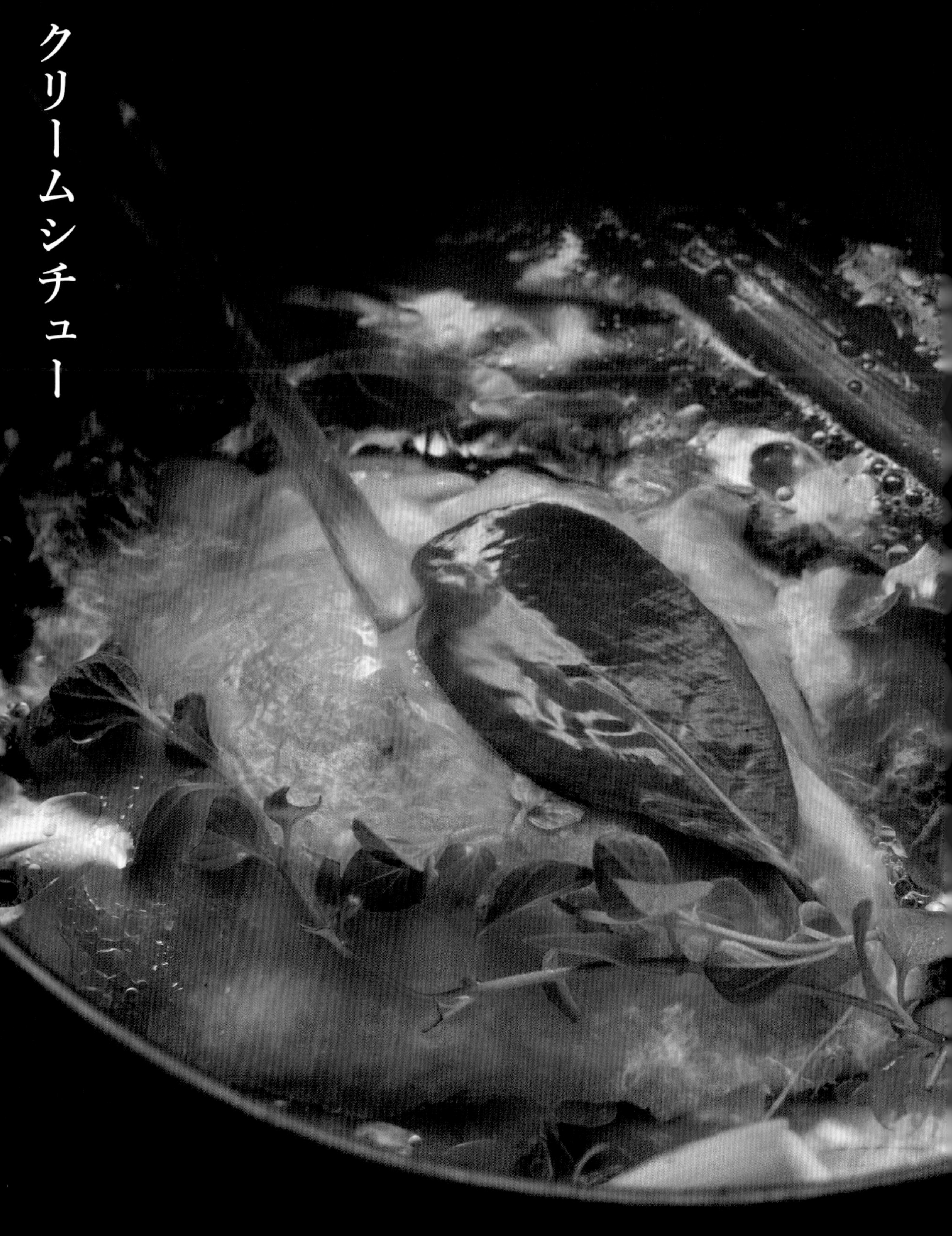

クリームシチュー

ホワイトソースやクリームを使った料理も菓子も、ずっと不得手だった。クリームシチューも例外ではない。苦手だと思っていたものも、工夫次第で好物に変わることがある。だから、料理は楽しい。

熊本で暮らし始めてから、いろいろいただきものをすることが増えた。畑の野菜や庭先になった果物に始まり、春の山菜、海で釣り上げた大きな魚、山で獲れた猪……。数え上げればきりがない。

なかでも忘れられないのは、鶉の肉だ。おいしい食材があると聞けばどこまでも追い求めて行く友人から、ある日届いた大きな箱。開けると毛をむしられた鶉が十数羽……。家族三人、しかも娘はまだ小さく、何の戦力にもならないというのに、一体どうしたらいいのだろう？

まずは、イタリアで狩人の友人が料理してくれたように、お腹ににんにくとローズマリーを詰め、薪火で炙ってみる。可愛い頭も可憐な脚先もぱりぱりと香ばしく焼けて、期待以上のおいしさに驚く。

しかし翌日、まだ冷蔵庫に横たわっている鶉を見て、再び途方に暮れる。その日は娘と二人きり。ややこしい料理をする余裕などない。そんな時は、蒸し煮に限る。鍋に香味野菜と水を入れて、しばらく煮る。野菜の甘い香りがしてきたら、鶉をざぶん、と沈めてふたをする。ひと煮立ちしたら、あとはオーブンへ。オーブンで蒸し煮にすると、全方向から熱が入る分、早く火が通り、素材はふっくらと煮える。さらに、下からだけの火力で煮るのとくらべて、煮汁が対流しないので透き通ったスープができる。蒸し煮の鶉はつるりとした肌が生々しく、申し訳ない気持ちになったが、ひと口スープを飲んで、その深い味わいに驚愕した。幼い娘も、さすがに顕な肉からは目を背けたものの、スープがおいしい、おいしい、と喜んで何度もおかわりをしてくれた。

この鶉の蒸し煮をクリームシチューに応用してみようと思ったところから、遅ればせながら私のクリームシチュー人生は始まった。いまではすっかりクリームシチューは大好物の一つだ。皿に肉を盛りつけ、透明な煮汁を張る。生クリームをひとさじまわしかけると、水面が乳白色に染まってゆく。ああ、なんと美しい。いつまでも大切にしたい、クリームシチューである。

骨付き鶏もも肉　4切れ(約600g)
香味野菜　適量
(玉ねぎ、にんにく、ねぎ、セロリなど)
ハーブ　適量
(オレガノ、マジョラム、フェンネル、
ローリエ、セージ、イタリアンパセリなど)
生クリーム　30g
塩
米油　20g

鶏肉は白い脂や血の塊を除く。
厚手の鍋を中火で温め、米油を引いて鶏肉の皮目からじっくりと焼く。
皮がこんがりとしたら裏返して粗塩をふり、適当に刻んだ香味野菜とハーブを加えて鶏肉が隠れるくらいまで水を注ぐ。
ふたをして中火にかけ、煮立ったら150℃のオーブンで20分蒸し煮にする。
温めた皿に鶏肉を盛る。
スープの塩味をととのえ、濾して注ぎ、生クリームをまわしかける。

・オーブンがない時は、一旦煮立てたらごく弱火にして30分ほど煮る。
・鶏肉だけでなく、野菜を加えて季節感を出すのもよい。かぶやカリフラワーなどの白い野菜、栗やきのこ、青い豆類など。写真は"栗のクリームシチュー"で、鶏肉を煮た後のスープにゆでた栗を入れて温める。
・鶏むね肉で作るのもおいしい。その場合は、鶏がらと香味野菜をじっくりと煮込んでとったスープ(p.173)を沸かし、火を止めたらすぐに皮目だけを香ばしく焼いた鶏むね肉を入れ、余熱で火を通す。しっとりと煮上がった肉を器に盛り、濾した汁をぐらぐらと沸かしてかけてから、生クリームをひとまわしする。

ハンバーグ

ハンバーグ

おいしいハンバーグを作りたい。私の長年の夢だった。

母はいつも煮込みハンバーグを作ってくれた。私は母のハンバーグが大好きだった。誰よりも器用だけれど大雑把な母は、材料をはかることはもちろんしないし、肉だねの玉ねぎは炒めたり、炒めなかったりと決まりはない。しかし、煮込む時には、必ずトマトピューレと赤ワイン、中濃ソースとローリエを入れた。「一つ一つのハンバーグに中濃ソースをスプーンで一杯ずつかけてから煮込むとおいしくなるのよ」と話していたけれど、それがさして意味のあることなのかは私にはわからなかった。しかし、艶々と赤黒く光るソースを纏い、味がしっかりとしみた母のハンバーグは、どんな洋食屋で食べるものよりも心に迫った。

自分の家庭を持ち、母の味を思い出して何度か作ってはみたが、一度として近づけたことはない。そのたびに私は肩を落とし、家族に申し訳ない気持ちになった。

もうひとつ、ハンバーグといえば思い出すのが、だいぶ前に、パリの肉料理店で食べたハンバーグである。ひとり三百グラムもの牛の赤身肉を粗く挽き、つなぎをほとんど入れずにまとめて焼く。ソースなどない。ひたすらに肉を味わうハンバーグだった。こんがりと焼けた肉の塊にナイフを入れると、中はきれいな紅色で、その絶妙な焼き加減に惚れ惚れしながらも、いくら食べてもなかなか減らない。わが身が情けなかった。

しかし、最高の肉を提供し、おいしいもの好きの熱気で溢れたその店がいたく気に入って、パリを訪れるたびに通うようになった。そこでは“肉と対峙する”気持ちが必要だった。戦闘態勢で、肉の塊と向き合う。肉を食べるには、それ相応の体の準備と覚悟がいる。生半可な気合いと胃袋では、肉に負けてしまう。

パリでは、ハンバーグは“肉を食べる”料理だということを学んだ。でも、家で食べたいと思うハンバーグはあの母の味だ。しかし、天の邪鬼な私は、他の人のやり方を真似るのが好きではない。好きなのは母のハンバーグだが、絶対にそれを超えたい。そういう気概で臨んだハンバーグ作りは、何度も失敗を繰り返した末、ようやく、納得のいくものができあがった。

ハンバーグが大好きな娘のために考えたこのレシピを、いつか娘が作ってくれる日は来るのだろうかと考える。しかし、物心ついた頃から人に習うことを嫌い、己のやり方を追求する彼女は、きっと私と同じように自分流のハンバーグを生み落とすに違いない。

合いびき肉　400g
卵　中1個
パン（食パン、バゲットなど）　20g
水　20g
玉ねぎ　400g（炒める分）
+100g（生で入れる分）
米油　20g（肉だね分）+10g（焼く分）
塩　4g
こしょう
小麦粉

ソース
炒め玉ねぎ　上記より約100g
香味野菜　適量
（パセリの茎、セロリの葉など）
ローリエ　2枚
赤ワイン　50g
水　100g
トマトピューレ　80g
ウスターソース　20g
しょうゆ　約20g

合いびき肉、卵、ちぎって分量の水に浸したパンはよく冷やしておく。
玉ねぎは、炒める分400gは小さめの乱切りに、生で入れる分100gは5mm角に刻む。
フライパンに米油20gを引き、乱切りの玉ねぎを入れてふたをし、中強火にかける。
音がしてきたらふたを取り、鍋底から大きく混ぜる。
その後は混ぜすぎないようにして炒め、玉ねぎの縁が茶色くなったら随時混ぜる。
鍋底の濃い茶色になったところに水を少々加えてこそげ取ることを繰り返し、全体が色づくまで炒める。
このうち200gを取り分けてよく冷やし、
残りの玉ねぎ約100gはソース用に取り分けておく。
ボウルに合いびき肉、卵、水気を絞ったパン、塩、こしょうを入れ、全体がつながるまで混ぜる。
冷やした炒め玉ねぎと生の玉ねぎを加え、さらによく混ぜる。
4等分にして手に取り、空気を抜くように丸める。
バットに並べ、冷蔵庫で1時間以上しっかりと冷やす。
ソースの材料を鍋に入れ、中火で10分ほど煮る。
とろみがついたら香味野菜とローリエをざるに上げ、
まわりについた汁をぎゅっと濾す。
丸めた肉だねに小麦粉をまんべんなくまぶす。
フライパンを中火でよく熱して、米油10gを引き、
肉だねの中心をつぶさずに入れて焼く。
下の面にきれいな焼き色がついたら裏返し、ふたをしてもう一面も同様に焼く。
両面色づいたら200℃のオーブンにフライパンごと入れ、10〜15分焼く。
金串を中心に刺して下唇に当て、熱くなっていたら取り出す。
温めた皿にハンバーグを盛り、焼き汁は熱々にしたソースに加える。
ソースをブレンダーやミキサーで攪拌してなめらかにし、
沸騰させてからハンバーグにかける。

・新玉ねぎを使う場合は水分が多いので、最初からふたをせずに炒める。
・玉ねぎの炒め方により、できあがりの炒め玉ねぎの量がかなり変わる。肉だねに入れる分をまず確保し、ソース用がまったく足りなくなってしまったら、新たに炒めて足すようにする。
・オーブンに入れられるフライパンがない場合、またはたくさん焼く場合はオーブンの天板にオーブンシートを敷き、焼いた肉だねを移して焼く。

ローストポーク

ローストポーク

フィレンツェで暮らしていた頃、青空市場の虜になった。安物の服に下着の山、白い器、何に使うのかわからない金物類、どこの家にもある台所用品、やたらに大きなパンやチーズ、歩く鶏や生みたての卵……。様々な屋台が立ち並び、能天気な観光客の笑いが飛び交うその場所を練り歩くだけでもお祭り気分に浸れた。その一角に、生ハム、サラミなどの肉の加工品を売るワゴン車があった。車の荷台には皮目がこんがりと焼けた豚のローストがどん、と置かれ、「アリスタ、アリスタ、アリスタ！」と威勢よく叫ぶ店主の声が遠くまでこだましている。“アリスタ”は、豚の背肉で作るトスカーナ風豚のローストで、焼き立てを切ってパニーニにしたり、持ち帰り用に包んでくれるのだった。

フィレンツェの丘の上の小さな村には、その名を世界に轟かす肉屋があった。ぴかぴかに磨き込まれた厨房は、店主のひとり舞台であり、そこに集まる人々は観客だった。アリスタも、彼の手にかかれば一つの芸術作品になる。一頭分の豚の背ロースにローズマリーやセージの青紫の可憐な花を散らす姿は、舞踏家のようでもあり、オペラの旋律に合わせてアリアを高らかに歌い上げるのは声楽家のようでもあった。

あの光景は目の奥から離れることなく、長い時が流れたいまも私は塊の豚肉を焼く。にんにく、セージ、ローズマリーを刻んでまぶすトスカーナ流のレシピは、一度味わうと忘れられぬ最高の組み合わせだ。しかし、ハーブに慣れない子どもたちには、カレー粉をまぶしてあげると喜ぶ。あまり豚肉を好んで食べない娘が、「こんなにおいしいお肉は食べたことがない！」と目を輝かせて何度もおかわりをせがみ、私を喜ばせた。カレーの香りが苦手な人は少ないから、大人にも人気が高く、私はこれを“インドの豚”と呼んでいる。スパイスやハーブの香りが変われば、豚の国籍も変わる。レモングラスで“タイの豚”、韓国の唐辛子で“韓国の豚”、花椒で“中国の豚”を作ってもいいだろう。

作り方は同じでも、香りや調味料、だしが変わるだけで、がらりと国籍の違う料理に変身する。たくさんのレシピを覚えなくても、これぞ、という料理を一つ自分のものにしたら、あとはゆるやかに変化させていく。ジグソーパズルのように、ピースを組み合わせてゆくうちに、きっといい料理が生まれると信じている。

作りやすい分量

豚ロース塊肉　600g
にんにく　2かけ
好みのスパイスかハーブ　適量
塩　肉の重さの1%
オリーブ油　適量
好みの野菜

豚ロース塊肉は、焼く1時間ほど前に冷蔵庫から出して室温に戻す。
にんにくはつぶし、スパイスやハーブは必要に応じてすりつぶしたり、刻んだりする。
野菜は必要に応じてあく抜きする、蒸す、などの下ごしらえをし、粗塩とオリーブ油をまぶし、耐熱皿に並べる。
豚肉に粗塩、にんにく、スパイスやハーブ、オリーブ油をまぶす。
脂身を上にして焼き網にのせ、野菜を入れた耐熱器の縁にかけるようにのせる。
250℃のオーブンで5分焼き、140℃に下げて40分焼く。
肉の真ん中に金串を刺して数秒おいてから引き抜き、下唇に当てて熱くなっていたら取り出す。
温かいところに30分ほどおき、肉汁を落ち着かせる。
肉を好みの厚さに切って温めた皿に盛り、焼き野菜を添え、オリーブ油(分量外)をまわしかける。

・肉や野菜にはまろやかな甘みがあり、食感のある粗塩をふると、味にほどよいむらができておいしい。
・焼いた豚肉の表面を薪ストーブの炉内で炙ると、素晴らしく香り豊かになる。わが家では、冬のとっておきのひと皿だ。
・スパイス、ハーブは好みのものを。写真は、インドのミックススパイスをまぶしたもの。
・肉を長時間焼くといえども低温で焼くため、下の野菜に火が通らなかったり、干からびてしまうことがある。そのため、種類によってあらかじめ蒸したり、切り方を工夫する。
・残ったら完全に冷ましてごく薄切りにすると、ハムのように楽しめる。

ビーフシチュー

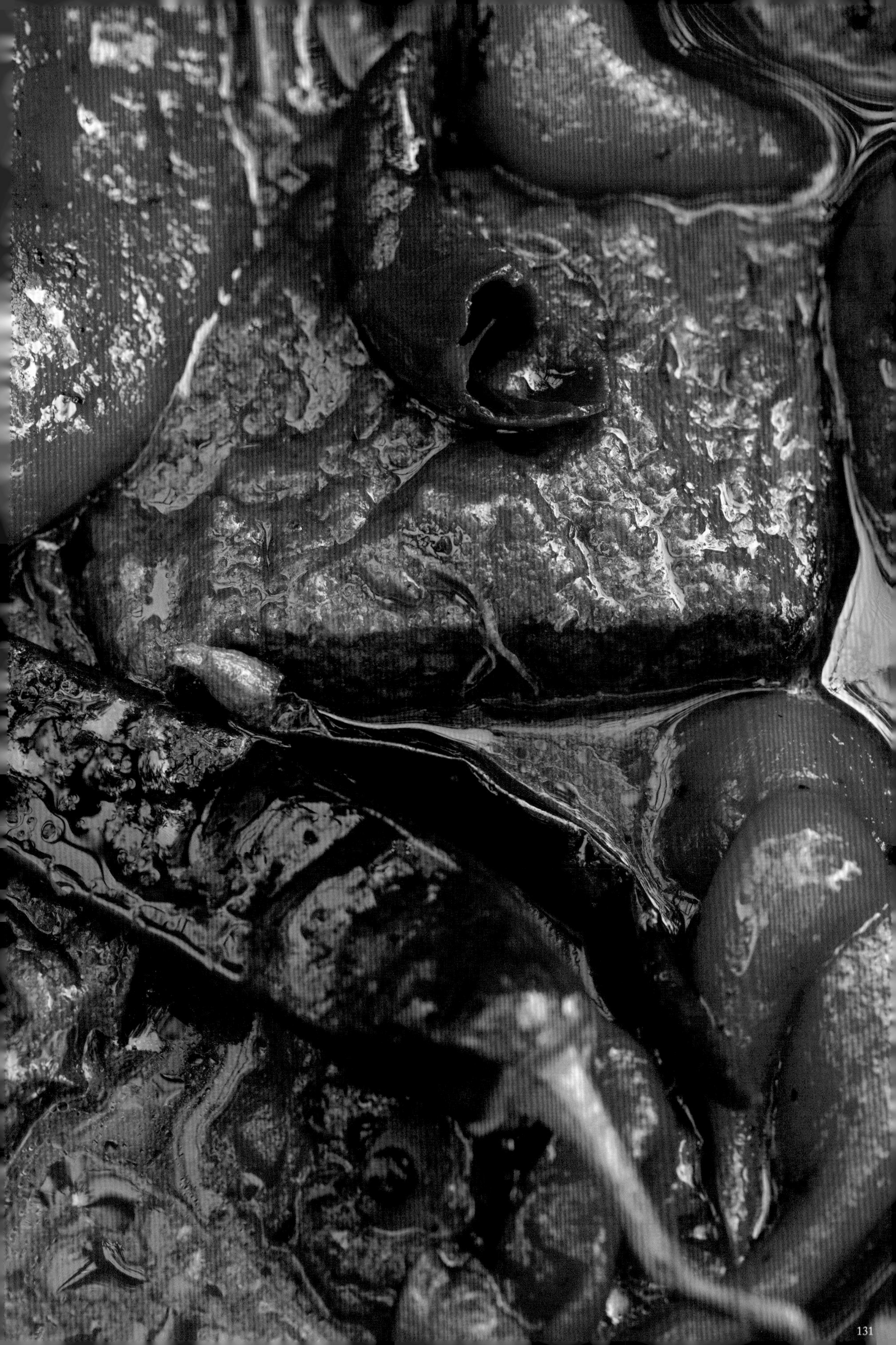

ビーフシチュー

母が作る洋風の牛肉料理で思い出すのは、ポトフとハッシュドビーフ、そしてオイルフォンデュだ。ビーフシチューを作ってもらったことは、数えるほどしかなかったかもしれない。

イタリアではシチューは“ストゥファート”と呼ばれる。もともとは、鍋に肉の塊と香味野菜などを入れてふたをし、薪ストーブの上でゆっくりと煮込んだものを指したが、いまはガスの火で煮ることも多くなった。牛肉や仔牛肉で作ることが多いが、私が初めてイタリアへ渡った年、最初にお世話になった家では、庭で飼っている兎や鶏を絞めて、シチューを作った。肉は変われど、作り方はいつも同じで、鍋には庭の畑で採れたトマトとにんにく、バジリコを一緒に入れて、塩とオリーブ油だけで煮込む。煮汁はパスタのソースに、肉は主菜として食べるのが習慣だった。まったく同じ味つけでも、肉が変われば味わいは別のものになる。日本の家では、和洋中と国籍の違う料理を食べたり、同じ調理法が続かないように母は心がけていたから、ある意味新鮮で、その合理性や微妙な味の違いに深く感心した。

肉は食べるためでもあり、だしの素にもなる。これは肉食文化の発達した西洋料理ならではの発想で、大きな学びとなった。それを再び痛感したのが、だいぶたってから、ピエモンテで民宿を営む友人が作る、“夏野菜のストゥファート”を食べた時だった。世界に誇るピエモンテ牛の巨大な塊肉を鍋に入れ、トマト、なす、ズッキーニ、パプリカなどの夏野菜を粗く刻んで肉を覆ったら、あとはゆっくりと煮込むだけだ。足す味と香りは塩、オリーブ油、少しのハーブだけ。この料理に限ったことではないが、イタリア料理の奥義は、“だけ”から生まれる美味だ。たったこれだけの調味料、これだけの手間。あとは素材の力と時間、そして少しの知恵が、圧倒的なおいしさへと導いてくれる。

野菜に滲み出た肉の旨み、肉にしみ込んだ野菜の香り。私もいつかこんなビーフシチューを作ってみたい。その思いを温め、生まれた私のビーフシチューは、トマトと赤パプリカ、そして赤唐辛子が手をつなぎ、牛肉を包み込む。シチリアのぶどう農家のガレージで、ドラム缶の炭火で黒豚をトマトと唐辛子でとろとろになるまで煮込んだあの味が蘇る。

夏の夜、庭にテーブルを出して食事をする。暮れなずむ空に浮かぶ月を眺めながら、赤いシチューを囲み、思う。明日もきっと、いい日になるに違いない。

牛もも塊肉	800g
塩	肉の重さの1.5%
小麦粉	適量
赤玉ねぎ	大2個
にんじん	小12本
赤ワイン	200g
トマトの水煮	400g
トマトペースト	大さじ1
ハーブ	1つかみ
赤唐辛子	2本
韓国赤唐辛子	2本
黒粒こしょう	小さじ1/2
クローブ	4粒
赤パプリカ	4個
オリーブ油	40g

牛もも肉は4等分に切り分けて塩をふり、小麦粉を薄くまぶす。
赤玉ねぎは皮をむいて4等分に切る。
厚手の鍋を中火で熱してオリーブ油を引き、牛肉を入れて焼く。
下の面にきれいな焼き色がつくまで触らずにおき、
肉の向きを変えながらすべての面を焼いたら、一旦、取り出す。
肉を焼いた鍋に赤玉ねぎとにんじんを入れ、中火で炒める。
甘い香りがしたら塩(分量外)をふり、肉を戻し入れ、赤ワインをまわしかける。
トマトの水煮、トマトペースト、ハーブの束、赤唐辛子、韓国赤唐辛子、黒粒こしょう、クローブを加える。
水をかぶるくらいに注ぎ、強火にしてあくを引き、
ふたをして弱火で2時間ほど煮る。
赤パプリカは焼き網にのせ、全体が黒くなるまでころがしながら焼く。
粗熱が取れたら、皮、種、へたを除き、焼き汁に浸しておく。
牛肉がごくやわらかく煮えたら、パプリカを焼き汁ごと加えて火を止める。
食べる前に弱火で温め、沸騰したらハーブの束を除いて
温めた器に盛る。

・トマトペーストはイタリア産のものを使う。日本のペーストを使う場合は、トマトの風味が薄いので、3倍量を入れる。
・ハーブはイタリアンパセリ、ローリエ、バジリコなどが合う。
・小さな赤唐辛子で辛味を、韓国や地中海の大きな赤唐辛子で甘い香りを添える。大きな赤唐辛子が手に入らない時は、粗びきの韓国唐辛子を加えてもよい。
・野菜は季節に応じて変えてもよい。
・同じ作り方で、豚の塊肉やスペアリブを使ったポークシチューもおいしい。

いかすみのスパゲッティ

いかすみのスパゲッティ

自分のためにパスタを作るとしたら、オリーブ油をたっぷりかけてチーズを削るか、あるいはトマトソースで和えるか、たいていはそのどちらかだ。手抜きをしたいわけではない。ただ、そうやって食べるのが好きなのだ。創意工夫を凝らしたパスタは、誰かのために作る。

ある日のこと、昨夜の残りのひいかが少し冷蔵庫に残っていた。そのつぶらな瞳は、「早く私たちを食べて」と言っているかのように見えた。その日の昼食はひとり、いつもなら凝ったものは作らないが、いかすみのスパゲッティを作ってみようと思い立つ。とはいえ、ひいかの小さな墨袋から出る墨の量などたかが知れている。しかし、いかすみと称するからには黒くなければならない。いかすみに匹敵する黒いものといえば……、"黒ねりごま"だ。その上、ねっとりした食感も共通しているではないか。

思いつきで作った"いかすみ（もどき）のスパゲッティ"は、想像を遙かに超えるおいしさだった。ひと口食べては唸り、皿にべっとりと残った黒いソースまで指でぬぐってなめた。

ひいかは断然、丸のまま料理するに限る。ひいかには申し訳ないが、小さな体を口の中で噛み砕き、旨みで口が満たされる感覚は、何にも代えがたい。それは、大きな魚が小さな魚を丸呑みする時の快感に重なるような気がする。

たまには自分のために、頭を働かせて料理をしてみるのもいいものだ。ひとりの食事は、難しいことは抜きにして、ただ、満たされたいという思いが募りがちだ。でも、「目の前の素材と対話し、時には冒険することも忘れてはならないよ」と、あの小さないかたちの瞳は教えてくれていたのかもしれない。

1人分

スパゲッティ　80g
塩

ソース

ひいか(小さないか)	100g
にんにく	小1/2かけ
赤唐辛子	1本
アンチョビ(フィレ)	1枚
黒ねりごま	10g
オリーブ油	20g+仕上げ用

ひいかは軟骨が気になる場合は除き、細くて気にならない場合はそのままざるに入れ、冷たい塩水を張ったボウルでふり洗いし、水気を切っておく。
スパゲッティをゆでる。
鍋にたっぷりと水を張り、強火で沸かす。
粗塩を加え、スパゲッティを入れたらひと混ぜし、中火で軽く沸騰するくらいの火加減を保ちながらゆでる。
ソースを作る。
フライパンにつぶしたにんにく、種ごと砕いた赤唐辛子、オリーブ油を入れて弱火にかける。
にんにくの香りが立ってきたら火を止め、アンチョビと黒ねりごまを入れ、スパゲッティのゆで汁をひとさじ入れて溶かす。
スパゲッティがまだ少しかたいくらいのタイミングで、ソースのフライパンを中火にかける。
ひいかを入れて一瞬炒め、すぐに湯をざっと切ったスパゲッティを入れる。
中強火にかけながらフライパンをあおるようにして全体を混ぜ、スパゲッティにソースをよくからめる。
塩味をととのえ、火を止めてオリーブ油をまわしかけて混ぜる。
温めた皿に盛り、大急ぎで食べる。

・ひいかと呼ばれる小さないかが手に入らない時は、やりいかを使う。やりいかの場合は、以下の方法で作る。墨袋を破らないように中を抜き、軟骨、くちばし、目玉を除く。わたと墨袋は取って別にしておく。胴、えんぺら、げそは適当に刻む。にんにくと赤唐辛子を炒めたところにわたと墨袋を入れ、あとはひいかと同じようにする。
・塩は基本的にパスタのゆで汁とアンチョビの塩分で足りるが、最後に味をみて薄い時には足す。

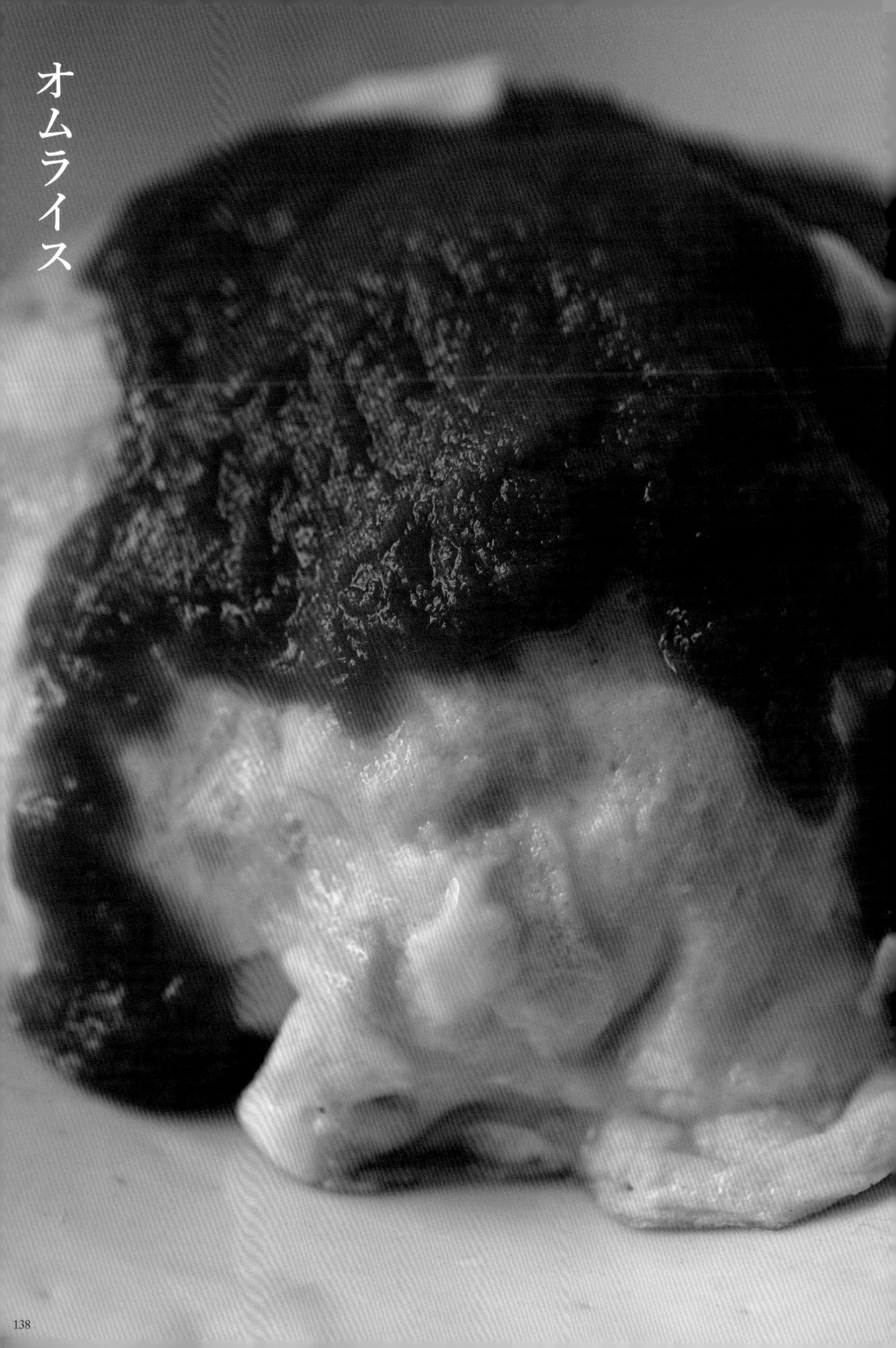

オムライス

オムライス

オムライスも日曜日の炒飯と同じく、子どもの頃は手抜き料理の代表だと思っていた。私はふつうの子どもが喜びそうなものを、あまり喜ばない子どもだった。数日分のご飯を寄せ集め、甘いケチャップで炒めたオムライスを前に、私はいつもがっかりした。

でも、私も子どもを持ち、子どもが喜ぶ料理を作ってあげたいと思うようになった。きっと私の母も子どもたちを喜ばせたい一心で作ってくれていたのだろうと、いまならばわかる。そんな思いで初めて取り組んだ"洋食"が、オムライスだった。甘い料理が苦手な娘のために、甘すぎないケチャップを作るところから始めてみる。不器用な私は、チャーハンもオムレツもあまり上手に作れない。だから、ケチャップライスは炒めずに作り、卵焼きは平たく、でも限りなくとろりと半熟に焼く。

私のオムライスは具がとても多い。米は大好物だが、ちらしずしやオムライスは、米が主役になるより、米と具が同じくらいのバランスで入っているのが好きだ。作ってみると、具の多さと米の少なさに不安になるかもしれないが、大丈夫。とても軽やかで、ずっしりとお腹にたまらないと、評判は上々である。

また、いつもはひとり分ずつ仕上げていたが、人数が多いと何回も作るのはせわしないものだ。そこで、ある時、友の誕生日会に、大きなオムライスを作ってみた。ケチャップライスを大皿に盛り、炒めた具をすべてのせ、大きな卵焼きを焼いてかぶせる。大きな卵焼きを焼くのは少し緊張するが、難しいことはない。小高い山のようなオムライスを食卓で取り分け、熱々のケチャップをかけるといつになく盛り上がった。当たり前の料理が、形を変え、華やかなお祝いの料理になるのはうれしい。

オムライスはいまや娘だけではなく、私の大好物になっている。

ケチャップ

作りやすい分量

果物　50g
香味野菜　250g
トマトの水煮　400g
好みのハーブ　適量
好みのスパイス(ホール)　適量
りんご酢または米酢　15g
塩　5g

果物と野菜は必要に応じて皮をむき、薄切りにしてトマトの水煮と共に鍋に入れる。
ハーブとスパイスは、だし用の袋に入れて加える。
酢と塩を加え、ふたをして中火にかける。
煮立ったら弱火にし、時々混ぜながら1時間ほど煮る。
野菜が崩れるほどやわらかく煮えたら、袋を取り除いてぎゅっと絞る。
ミキサーでなめらかになるまで攪拌する。

・果物はりんご、いちご、桃、すももなど甘みと酸味のあるものを、香味野菜は玉ねぎ、にんじん、セロリ、ねぎ、しょうが、にんにくなどを使う。セロリの葉やねぎの青いところなど、緑色の濃いものはだし用の袋に一緒に入れて煮ると、ケチャップが赤く仕上がる。
・スパイスは、唐辛子とこしょうは必ず。他に、カルダモン、クミン、コリアンダー、クローブ、フェンネル、シナモン、メースなどから好みのものを好みの数だけ選んで使う。

オムライス

ケチャップライス
米　1カップ
ケチャップ(上記)　1/4カップ
水　3/4カップ
米油　10g

具　4人分
鶏肉　200g
玉ねぎ　200g
しいたけ　100g
酒　10g
しょうゆ　10g
米油　20g
塩

卵焼き
卵　6個
牛乳　30g
米油　30g(混ぜる分)+30g(焼く分)
塩　6つまみ

仕上げ
パセリ　数本
ケチャップ（上記）　160g

米は研ぎ、ざるに上げて30分ほどおく。
鍋に米を入れ、ケチャップ、水、米油を合わせて加え、ふたをして中火にかける。
沸騰したらごく弱火にして13分炊き、3秒強火にして火を止め、３分蒸らす。
鶏肉は脂を除いて2cm大に切り、酒としょうゆをまぶしておく。
玉ねぎとしいたけはかたいところを除き、ひと口大の角切りにする。
フライパンを熱して米油を引き、中火で玉ねぎとしいたけを炒める。
艶が出たら鶏肉をつけ汁ごと加えて炒め、ほどよく火が通ったら火を止め、冷めないようにしておく。
仕上げにかけるケチャップは鍋に入れ、ふたをして弱火で温める。
ボウルに卵を割り入れ、塩、牛乳、米油を加えて溶く。
ケチャップライスをさっくりと混ぜて温めた大皿に盛る。
熱々の具をのせ、パセリの葉のみじん切りを散らす。
フライパンを中強火でよく熱し、米油を引いて卵液を流し入れる。
大きく一周混ぜたら、あとは触らないようにし、フライパンを大きくまわしながら焼く。
表面がゆるい半熟になり、ゆすった時にフライパンからずれるくらいに火が通ったら、すぐに火を止める。
卵焼きをフライパンから滑らせるようにして、具をのせたケチャップライスの上に盛り、熱々のケチャップをかける。

・鶏肉はむねかももを好みで選ぶ。牛肉や豚肉でもよい。野菜はさやいんげん、なす、ピーマン、パプリカ、大根、かぶ、グリーンピースなど、季節のものを。１種類でも、いろいろ混ぜてもよく、量のバランスも好みで変えてよい。
・１人分ずつ盛りつける時は、卵を１人２個使って卵焼きを作る。

カレー

カレー

私が暮らす町には、とびきりおいしいカレーがある。商店街の一角の、ビルの二階に佇む洒落た洋食屋の看板メニューだ。他にもいろいろ料理はあるが、ここを訪れるほとんどの人たちのお目当はカレーである。カレーは四種類。煮込み、ステーキ、カツ、シーフードの中からいずれかを選ぶ。私はいつもステーキ、娘はカツだ。

カレーディナーを頼むと、二つの前菜の後に、ビーフステーキ、あるいはビーフカツが盛られた大きなディナー皿が運ばれてくる。次いでカレーの登場。土鍋になみなみと注がれたカレーは艶やかな飴色で、ぐつぐつと煮える様は何度見ても心が踊る。最後に熱々のバターライスが来たら、ようやく食べ始める。

まず、ステーキをひと口。そして、次にカレーをかけてひと口。最後にバターライスを添えて、あとは夢中で食べる。いつ訪れても変わらぬおいしさだが、とりわけ、カレーはそれだけをずっと飲んでいたいと思うほどだ。

しかし、いざ自分で作るとなると、カレーほど着地点のわからない料理はない。家族の皆が好きで、おいしく作れるようになりたいけれど、材料を重ねれば重ねるほど、味見をすればするほどわけがわからなくなる。

そんな私を救ってくれたのは、インドの旅だった。とある家族に招かれ、お母さんが料理するところを見せてもらった時、勉強になったのが香味野菜の使い方だった。玉ねぎ、にんにく、しょうがと、ありきたりのものが、火入れの仕方次第で、しっかりとしたカレーの骨格を作ってくれる。具材は季節の野菜だけ、あるいは豆だけ。あとは少しのスパイス、そして塩。作るのもあっという間だ。インド人はすごい。

洋食屋のカレーと、インドのカレー。双璧が私の前に立ちはだかる。それぞれのカレーを自分なりに繰り返し作ってみる。そして、ようやくできあがった私のカレー。具はいらない。カレーとごはん。それだけでいい。無言でひと口食べ、ふた口食べ、しっかりと私の目を見て、娘が伝えてくれた「おいしい」のひと言が、こんなにうれしかったことはあっただろうか。

玉ねぎ	600g
しょうが	20g
にんにく	5g
赤唐辛子	約4本
カレー粉	5g
トマトソース(下記)	100g
昆布といりこのだし	400g
油(菜種油、米油など)	60g
塩	適量
しょうゆ	約10g
ごはん	適量

玉ねぎ、しょうが、にんにくはそれぞれ粗く刻む。
鍋を中火で熱して油を引き、刻んだ野菜を入れる。
中強火で鍋底から大きく混ぜながら炒め、全体に油がなじんだら
塩をふる。
しばらく混ぜずに放置し、野菜の縁が色づいてきたら鍋底から
しっかりと混ぜる。
その後は、火加減は常に中強火のまま、なるべく混ぜずに炒める。
香ばしい匂いがしてきたら、鍋底につき始めた茶色いこびりつきを
へらでこそげ、焦げそうな時は水を少々加えることを繰り返しながら、
炒めていく。
全体が濃い飴色になったら、種ごと砕いた赤唐辛子とカレー粉を
加えて炒める。
香りが立ったらトマトソースを加えてさらに炒め、油が分離したら
だしを加える。
中強火で沸騰させながら10分ほど煮たら、しょうゆを加えて火を止める。
ハンディブレンダーやミキサーでなめらかに攪拌し、塩味をととのえる。
混ぜながら中火で煮立て、熱々のごはんと共に供する。

・時間がかかるが、香味野菜はふたをして蒸し炒めにしてもよい。中火にかけ、たまに鍋底からよく混ぜ、濃い飴色になるまで火を通す。
・昆布といりこのだしのかわりに、鶏スープ(p.173)を使ってもよい。使うだしにより、味の印象が変わる。

トマトソースの作り方……トマトの水煮400g、にんにく1かけ、赤唐辛子1本、オリーブ油大さじ4、塩を鍋に入れ、中強火で時々混ぜながら、とろりとするまで煮る。

きゅうりの冷菜

きゅうりの冷菜

冷菜、中国語でいうところの“リャンツァイ”、つまり、冷たい（＝熱くない）前菜が好きだ。中国や台湾を旅していると、きんきんに冷えた料理が出てくることはない。でも、炒め物、揚げ物など油をふんだんに使った料理が続くと、段々と胃が重たくなる。特に、生野菜を食べる機会がほぼないので、しゃきしゃきとした瑞々しい食感や、胃に溜まった油を洗う爽やかな香りを体が欲し始める。

私が知る限り、雲南省はリャンツァイの宝庫だ。きゅうりのリャンツァイ、鶏のリャンツァイ、山で採れたきくらげのリャンツァイ、謎の山菜のリャンツァイ……。いずれも、“水豆鼓”（スイドウチ）という納豆のような香りがする大豆の発酵食品、生唐辛子、魚醤、青い柑橘、香菜などで和えたもので、味つけは同じでも、主の素材が変わるとまったく違ったおいしさが生まれる。日本では山菜を生で食べることはあまりないが、雲南では生で、時には棘がついたまま、あるいはあくも抜かずに和え物にするから、度肝を抜かれる。

リャンツァイが豊富な店に入ると、興奮してつい頼みすぎてしまうのだが、現地ではそんなにたくさん食べるものではないらしい。「そんなに頼んで食べられるの？」と給仕人にたしなめられるが、不思議とたくさんリャンツァイを食べる方が、さらに他の料理もたくさん食べられる気がする。中国語では前菜のことを“開胃菜”と書くが、まさしく、言い得て妙。胃を開いてくれる料理なのである。

きゅうりの冷菜は、きゅうりの味がのる春から夏の間によく作る。娘がきゅうりが大好物で、さらにごま油と塩、魚醤の味つけが好きなので、これ以上の組み合わせはないらしい。きゅうりのおいしい季節に作り、味が落ちてきたら次の年を待つ。

おいしい季節にせっせと食べる。それが一番である。

きゅうり
にんにく
魚醤
ごま油
塩

きゅうりは塩でもみ、しばらくして水分が出てきたら、太ければ縦半分に切る。
食べやすい長さに手折り、叩いてつぶしたにんにくで和える。
うっすらと香りづくくらいの量の魚醤と、全体が艶々するくらいの量のごま油で和える。
粗塩を加え混ぜて、味をととのえる。

・時間をおくと水っぽくなるので、食べる直前に和える。
・ナンプラー、ニョクマムなども魚醤の一種だが、私は風味の穏やかな国産の魚醤を愛用している。しょうゆ差しに移し替えておくと、少しずつ量を調整できるので便利である。魚の濃い香りがしない程度の量を使うようにすると、隠し味として様々な料理に活躍する。

春巻き

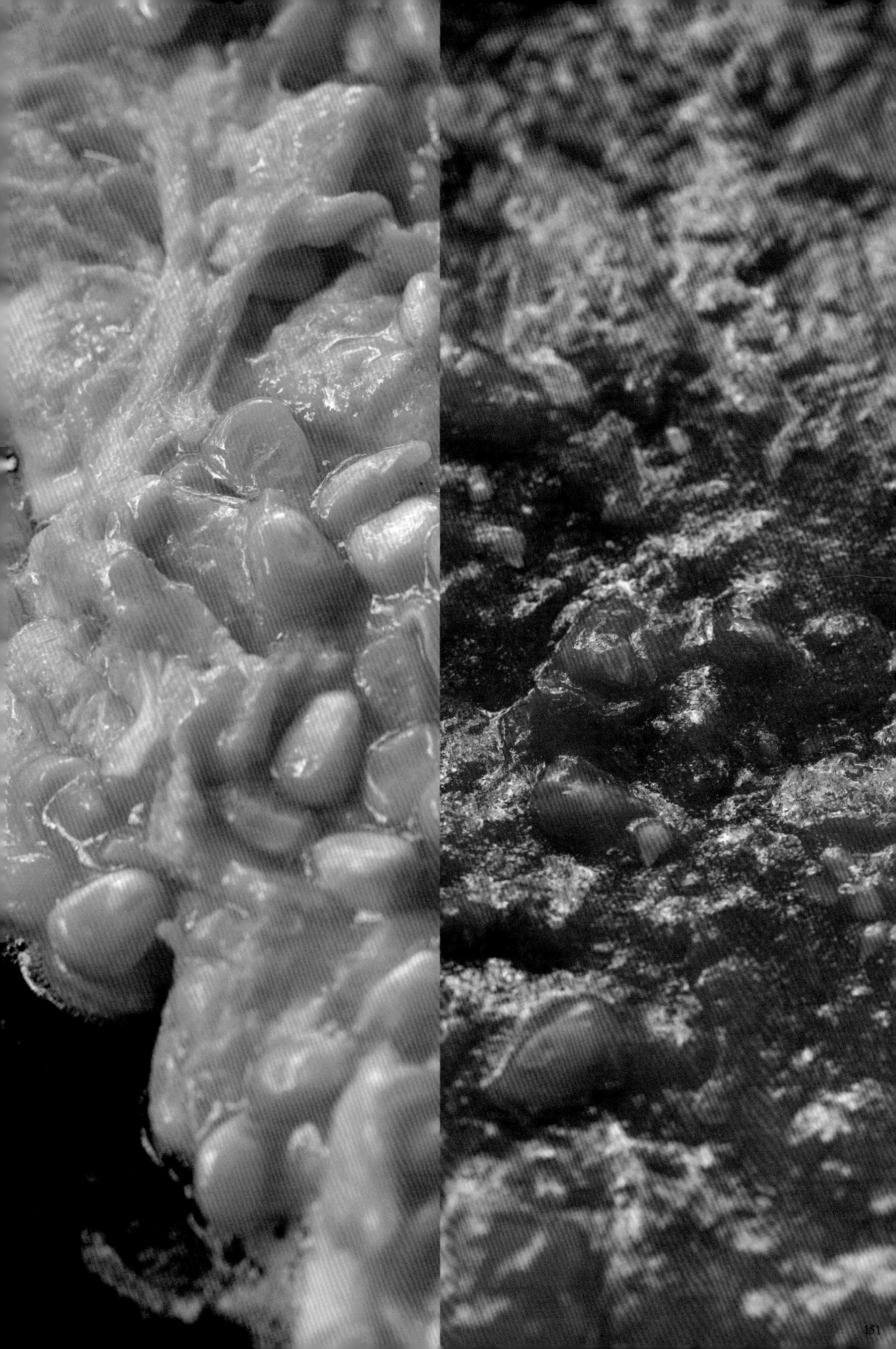

春巻き

料理に興味を持ち、少しずつ母の台所仕事を手伝うようになった少女時代、何よりも好きだったのが春巻きを作ることだった。あり合わせの野菜や春雨を炒め、片栗粉でとろみをつける。皮で巻き、揚げる。冷静に考えてみたら、結構手が込んでいる。しかし、その手間がかえって楽しく、また、揚げてぱりぱりになった皮から、熱々のあんがとろりと飛び出すのがうれしくて、母が春巻きを作る日は率先して手伝いをした。

そして、翌日、春巻きは弁当のおかずになった。弁当箱の中でしんなりとした春巻きは、熱々とは別のおいしさがあり、思い出すと食べたくなるものの一つだ。

ひとり暮らしを始めて、最初に作った春巻きは、そら豆の春巻きだ。その頃、私はそら豆を何かで包んで料理するのに凝っていて、“そら豆の春巻き”と、パスタの生地でそら豆を包んでゆでる“そら豆のラヴィオリ”は何度作ったかわからない。どちらも頬張ると、本当のそら豆の皮の中から出てきた時のような、むん、とした香りが弾けるのがうれしかった。

その頃から、春巻きの具は自然と一種類だけになり、季節の野菜はありとあらゆるものを包んで揚げてみた。果物を包んでみたこともある。どんな素材も巻いて揚げると驚くほどおいしくて、次は何を巻いてみようと考えるだけで楽しくなる。

しかし、久しぶりに少しだけ手の込んだ春巻きを作ってみたくなった。真っ先に思いついたのは、トマトあんの赤い春巻きだ。おそれていた通り、初めはトマトの水分を閉じ込めきれず、皮が破れた。次は、片栗粉で汁を受け止め、皮を二枚重ねてみる。香ばしい皮を齧ると、熱く赤いあんがとろり。もう一つは、とうもろこしと卵の黄色い春巻き。ぷちぷち、ふんわり、ぱりぱり、食感の違いが心地いい。

食べてみるまでは想像がつかない、ひと手間かけた春巻きは、うまくできると喜びもひとしおで、だからこそ、おもしろい。白い春巻き、緑の春巻き……四季折々、いろいろな色の春巻きを作ってみるのも、いいかもしれない。

トマトの春巻き　4本分

春巻きの皮　8枚
トマト　280g
梅干し　8g(正味)
ミニトマト　8個
にんにく　1かけ
片栗粉　10g
水　5g
米油　20g

小麦粉
水
揚げ油(米油、菜種油など)
塩

トマトはへたを取り、湯むきして適当な大きさに刻む。
梅干しはねっとりするまで刻む。
鍋につぶしたにんにくと米油を入れて中火にかけ、
香りが立ったら刻んだトマトと梅干しを入れて炒める。
とろりとしたら塩味をととのえ、片栗粉と水を混ぜて加える。
よく混ぜながら煮立て、バットに取り出して冷ましておく。
春巻きの皮を2枚重ねた上に、4等分した具とミニトマトを2個ずつのせる。
手前と左右の皮を内側に折りたたみ、向こう側にころがして巻く。
小麦粉と水を同量ずつ混ぜてのりを作り、巻き終わりにつけてとめる。
鍋に揚げ油を入れて中火にかけ、熱くなったところに入れて揚げる。
下の面が色づいたら裏返し、全体がこんがりとしたら油を切り、塩をふる。

とうもろこしの春巻き　4本分

春巻きの皮　4枚
とうもろこし　60g(正味)
卵　1個
米油　10g

小麦粉
水
揚げ油(米油、菜種油など)
塩

とうもろこしは実をほぐしておく。
卵は割り、塩を2つまみ入れて溶く。
鍋を熱して米油を引き、中強火でとうもろこしをさっと炒める。
油がまわったら卵を流し入れ、大きく混ぜる。
中火にし、半熟よりもやや火を通したら取り出す。
春巻きの皮に4等分した具をのせ、あとはトマトの春巻きと同様にする。

・いずれの春巻きも、塩の他に粗びき唐辛子、ごま、クミンシードを混ぜたものをつけてもおいしい。

棒棒鶏

棒棒鶏

木炭や練炭で鍋を温め、あらゆる食材を煮て食べる火鍋。中国のいろいろな街で、いろいろな店を訪れた。店先に皮を剥いだだけの羊肉が何体も積まれており、厨房でさばいて様々な部位を切り出してくれる店。肉や魚介、練り物や野菜などが、なんでも串に刺してあり、好きな具を選んで串のまま鍋に入れて煮る店……。

台北にも名の知れた店がある。いつも大勢の客で賑わい、皆一様に煙突のついた火鍋を囲み、酸っぱくなった白菜の漬物"酸菜"が入ったスープで、思い思いの具材を煮て食べている。ここでは、発酵した白菜の酸味がきいたスープのおいしさもあるが、各自で選ぶ調味料や薬味の豊富さに心ときめく。店の一角にしつらえられた台の上には、ずらりと並べられた小さな碗に、すべて違う調味料と薬味が盛られている。そこから、好きなものを選んで自分の碗に入れてゆく。それぞれの人にそれぞれの好みがあり、すべてを少しずつ入れる人、こってり好きな人、さっぱり好きな人。共に鍋を囲みながら、どんな味つけをするのかを見るのも、楽しみの一つだ。

さて、このつけだれ、本来はひとり一碗なのだが、私は必ず二碗用意する。一つの碗にごま油と酢と塩、香菜と青ねぎ。もう一つの碗には腐乳と芝麻醤を入れる。大抵の具材はごま油の碗で食べる。家でもしゃぶしゃぶを食べる時は、ごま油と塩、時に酢。結局、この組み合わせが、何よりも具材の味を引き立てる。ただ、時々、もう少しこくがほしいと思うことがある。そんな時は腐乳と芝麻醤の碗が活躍する。

この二つの調味料の組み合わせは偉大だ。酢を合わせると、こってりにさっぱりが加わり、さらにおいしい。私はこれを"腐乳だれ"と呼び、一年中何かと活用している。春は蒸した熱々の新玉ねぎに、夏は冷たいとうふに、秋は蒸しなすに、冬は刻んだ白菜を和えて……四季折々の楽しみ方がある。そして、このたれを棒棒鶏にも応用してみたら、とても相性がいい。すべての素材を和えるのではなく、ゆで鶏だけを和え、あとは素材ごとに別々の味つけをする。そうすると、合わせた時に水っぽくならず、最後までおいしく食べられる。

火鍋の店で覚えた味が、まわりまわって棒棒鶏の味つけになる。そんな楽しい発見があるから、やっぱり旅はやめられない。

ゆで鶏

鶏むね肉	200g
塩	肉の重さの1.5%
香味野菜	たっぷり
黒粒こしょう	10粒
酒	50g

たれ

腐乳	10g
芝麻醤	15g
麦みそ	15g
酢	15g
米油	10g
黒粒こしょう	少々

もやし	200g
きゅうり	1本
春雨	40g(乾燥)
ごま	10g
酢	
魚醤	
ごま油	
塩	

ゆで鶏を作る。

鶏むね肉は脂を取り除き、塩をまぶして数時間から一晩冷蔵庫に入れておく。

鶏肉よりひとまわり大きい鍋に、香味野菜の乱切り、粒こしょう、酒を入れ、水をかぶるくらいに注いで中火にかける。

沸騰したら火を止めて鶏肉を入れ、ふたをしておく。

冷めたゆで鶏をビニール袋に入れてごま油をまぶし、袋の上から麺棒で軽く叩く。

取り出して食べやすいように手で裂き、ボウルに入れる。

たれの材料をよく混ぜ、ほどよい量を加えて味をつける。

もやしは沸騰した湯に入れ、再沸騰する手前で盆ざるに上げる。

自然に水気を切り、酢、粗塩、魚醤、ごま油で和え、冷やしておく。

きゅうりは塩もみして麺棒で叩き、食べやすい長さ、太さに切る。

酢、魚醤、ごま油で和え、冷やしておく。

春雨は沸騰した湯で、時々混ぜながらほどよいかたさにゆでる(緑豆春雨の場合は2分ほど、韓国春雨の場合は6分ほど)。

ざるに上げて流水で洗い、水気を切る。

食べやすい長さに切り、酢、粗塩、魚醤、ごま油で和える。

器に具材を盛り合わせ、煎ったごまをふり、卓上でよく和える。

・ゆで鶏の香味野菜は、ねぎ、玉ねぎ、にんにく、しょうが、セロリ、香菜の根などを混ぜて使う。

・棒で叩くから棒棒鶏。叩くとほどよく繊維がこわれて味がしみやすくなるが、叩きすぎて肉汁が抜けないようにする。

・たれは鍋物、とうふ、麺、蒸し物など、いろいろな使い方がある。腐乳は商品により塩分や風味が異なるため、入れる量は好みで調整する。

・具は他にきくらげ、セロリ、大根、ねぎなど。食感のあるものを組み合わせるとおいしい。

青菜炒め

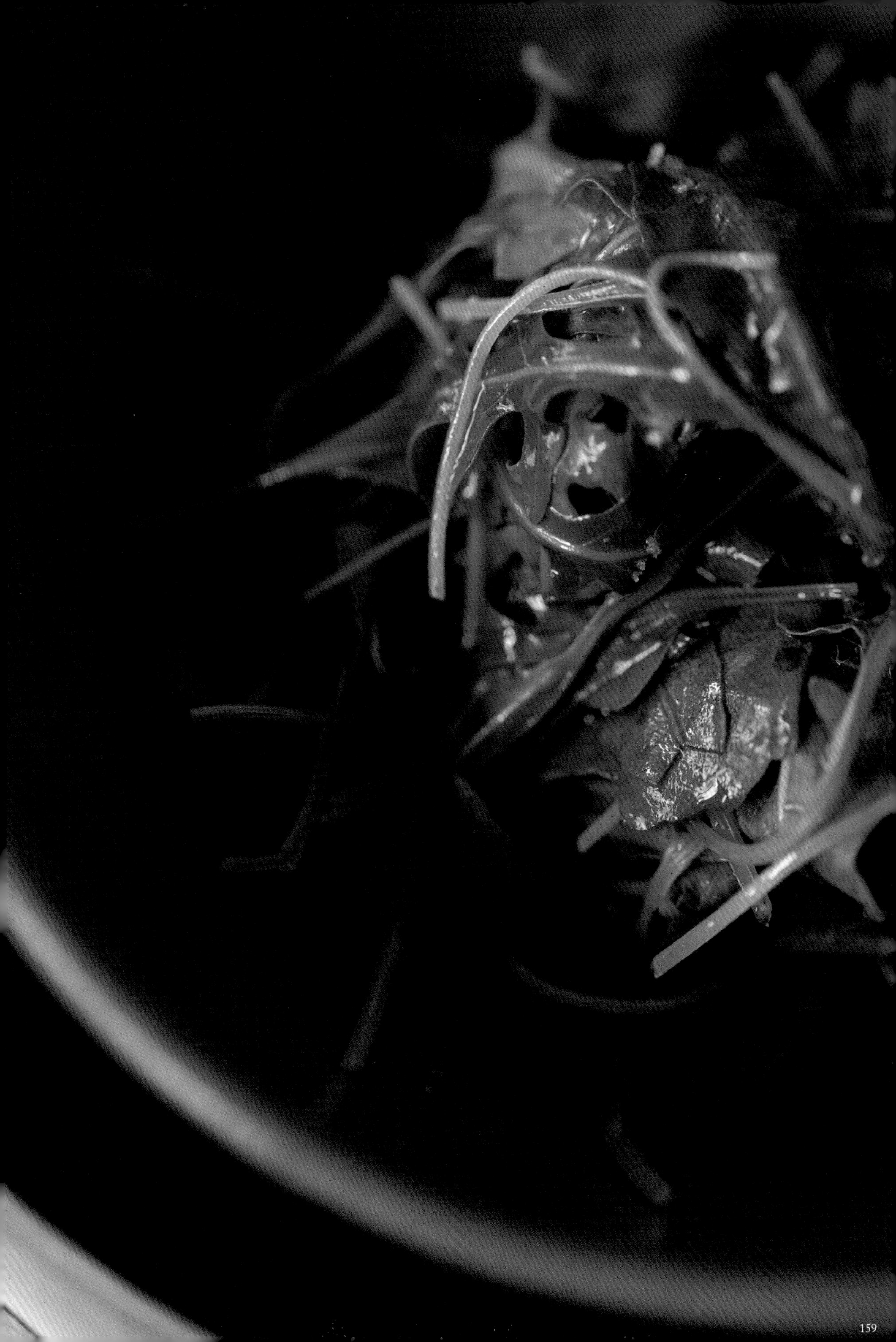

青菜炒め

青菜のない季節は寂しい。秋が深まり、夏野菜が影をひそめると、市場にはようやく青菜がちらほらと並び始める。間引きの大根葉にはじまり、日々、少しずつ青菜の種類が増えてゆくのを見ると、私は踊り出したくなる。秋から春にかけて、乾きやすい体を潤すように、私は瑞々しい青菜を求め続ける。

熊本の青菜はおいしい。この地で古くから育てられている高菜をはじめ、山東菜やターサイなどの中国野菜、ちぢみほうれん草や春菊、様々な菜花、そして、庭に自生するからし菜や、川べりに生えるクレソン。好きな青菜をあげたらきりがなく、食べ方も限りない。

日本の家庭の台所の火力では……と半ばあきらめていた青菜炒めを、家でもおいしく作れるかもしれない、と思ったのは台湾の旅だった。たくさんの料理でもてなしてくれた、花蓮のお茶屋さん夫婦の食卓。足繁く通った、いまはなき最愛の台北の食堂。青菜炒めを作る様子は、他のどんな料理を作るところを見るよりもわくわくした。それぞれの人にそれぞれのこつがあり、それぞれの台所に合わせた最良の作り方があることがわかった。

彼らに倣うのもいい。でも、私には私の、別の作り方があるのではないか？　そして、生まれたのが、調味料で和えてから蒸して作る、“青菜炒め風”である。蒸籠がなければ鍋に湯を沸かして器を入れ、ふたをして蒸してもいい。私はひとりの昼ごはんに食べる時は、ガス台にいつも置いてある口の広いやかんで気軽に作る。青菜を和えた器を小さな蒸籠に入れ、蒸気の立ったやかんにのせて蒸すだけだから気軽だ。もう一段に肉まんやごはん、さらにもう一段にはスープを入れた器を入れて一緒に蒸せば、大満足の定食になる。

毎日だって作りたくなる、食べたくなる、そんな料理である。

青菜
好みの油
にんにく
塩

青菜は根元から1本ずつ外して泥をよく洗い、
冷水に浸しておく。
ぴんとしたら、葉の長いものはざく切りにし、ボウルに入れる。
全体が艶々とするくらいの量の油、つぶしたにんにく、塩を加えて
ふんわりと和える。
蒸籠に入る大きさの鉢に入れる。
蒸気の立った蒸籠に入れ、ふたをして強火で蒸す。
途中で上下を返して5分ほど、全体がやわらかくなったら火を止める。
鉢のまま熱々を供する。

・青菜はなるべくやわらかなものを選ぶ。繊維の強いものは茎を小口切りにすると、火が通りやすく、食べやすい。
・写真はルーコラの小さな間引き菜。青菜の若葉には独特のやわらかさと香りがあり、そのまま調味料で和えて"青菜炒め風"にすると、とてもおいしい。ただし、火を通すとかさが減って小さくなってしまうので、たっぷりと用意する。
・油は米油、菜種油、ごま油などの他、鶏油(p.181)を使うとこくが出る。

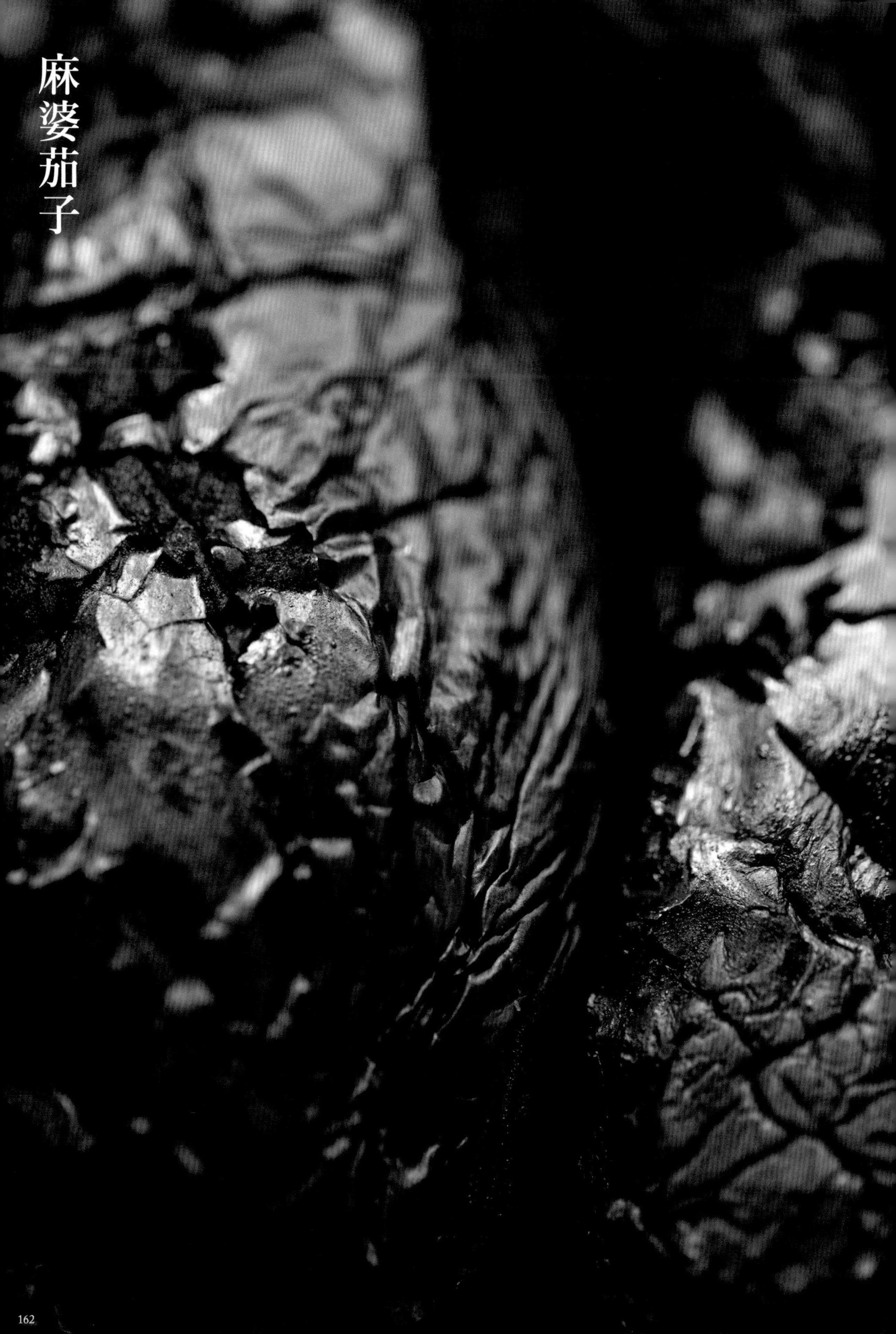

麻婆茄子

麻婆茄子

道端にせり出した食堂の軒下で、大きななすが炭火でじんわりと炙られている。そんな光景を中国の旅ではよく目にした。焼かれているのは熊本で“肥後の赤なす”と呼ばれる、薄紫色の大きななすにとても似ている。もしかしたら、赤なすは中国から来たものなのかもしれない、と思ったら、熊本と中国大陸が繋がっているようでうれしくなった。

西安や西双版納で見た炭火焼きのなすは、お腹を開き、唐辛子と香味野菜、香菜などを入れた辛いたれをかけて食べる。とろけるような実に刺激的な風味が加わって、滅法おいしい。夏、庭で炭火焼きをする時には、こんな風に食べるのもいいなあ、と思う。

中国でなす料理というと、たいていは油通しをして炒めてあることが多い。ただでさえ油を吸いやすいなすだから、さらに油で炒めると、おいしいことには違いないが、ずっしりとお腹にたまる。その点、下ごしらえを“揚げる”から“丸焼きにする”にかえれば、やわらかく、食べやすくなる上、あっさりとして、大きななすも軽々とお腹におさまるのだ。

麻婆茄子は麻婆豆腐と同じ四川料理だと思っていたら、冷やし中華などと同じく、日本生まれの中華料理だった。原型は“魚香茄子”(ユイシャンチェズ)という。しかし、食べても魚の気配は感じられない。では、なぜ魚の香りかといえば、唐辛子と鮒(ふな)を漬けた発酵調味料を使って作ったかららしい。いまは唐辛子だけで作る乳酸発酵漬けを使うことが多いようだが、私はこの料理が好きで、食堂の献立に見つけるとつい注文したくなる。

しかし、家で作るとなると、揚げて、炒めて……は億劫に感じることもある。ならば、焼きなすを麻婆風の味つけにしてみよう。網にのせ、直火でなすを炙る。黒々として、ぷしゅっと割れ目から蒸気が立ち上る頃には、芯までやわらかになっている。ほんのり焦げた匂いと、甘く瑞々しい焼きなすの香りは、日本人が愛するものの一つだろう。そんな風に焼いたなすは、揚げたなすに匹敵する偉大な素材になる。

とはいえ、いつかは魚香茄子の故郷、四川省を訪れてみたい。由来を探る旅は、いつだってエキサイティングなのだから。

なす	大4本(約800g)

たれ

ミニトマト	50g
赤玉ねぎ	200g
にんにく	1かけ
しょうが	1かけ
香菜	1つかみ
花椒	小さじ1
赤唐辛子	約4本
豆鼓	小さじ2
豆板醤	小さじ2
しょうゆ	約小さじ1
菜種油	大さじ5
ごま油	大さじ1

なすは焼き網にのせて、直火でころがしながら焼く。
全体が黒くなり、指で軽く押してみて芯までやわらかくなっていたら、火から下ろす。
たれを作る。
ミニトマトはへたを取り、小さく切る。
赤玉ねぎは粗く刻み、にんにくとしょうがはみじん切りにする。
香菜は根はみじん切りにし、茎と葉はざく切りにする。
花椒はすり鉢などで軽くつぶし、赤唐辛子は種ごと粗く砕く。
豆鼓は粗く刻む。
鍋を中火で温めて菜種油を引き、花椒、赤唐辛子を入れて炒める。
香りが立ったらミニトマト、赤玉ねぎ、にんにく、しょうが、香菜の根を入れ、時々混ぜながら炒める。
とろりとして色づいたら、豆鼓と豆板醤を加えてさらに炒める。
しょうゆを加えて味をととのえ、火を止めてごま油を加え混ぜる。
なすの皮とへたを取り、大ぶりに切って器に盛る。
たれを強火で煮立ててかけ、香菜の茎と葉を散らす。

・赤玉ねぎは東南アジアでよく使われるエシャロットに近い香りがあり、甘みも強いので、肉を入れずともしっかりとした味の骨格が作りやすい。肉々しさがほしい時は、粗く叩いた豚肉を炒めてから野菜を加えるとよい。

しゅうまい

しゅうまい

子どもの頃、しゅうまいは出来合いのものしか食べたことがなかった。皮を全部閉じるか、一部を開けて包むかの違いなのに、うちではぎょうざは手作りするもの、しゅうまいはいただきもの、と決まっていた。

私がしゅうまいという料理を強く意識したのは、四十代も終わりに差し掛かった頃、中国の粉料理を求めて、山西省を訪れた時のことだ。日本でもすっかり有名になった刀削麺（ダオシャオミエン）をはじめとして、山西は様々な手打ち麺や粉物の故郷といわれている。

省都の太原に降り立った私は、期待に胸をふくらませていた。早速、伝統料理を掲げる食堂に入り、いろいろと注文する。刀削麺ももちろん外せない。お腹が空いていたのと、料理をする様子を見たいのとで、お行儀悪く席を立って厨房の前まで覗きに行く。すると、麺を削っていたのは、なんと人形だった。料理人を象った電動の人形が、肩にのせた生地の塊を一本調子で削り、煮えたぎる湯の中に落としていたのだ。はるばるここまで来て、人形に料理してもらうとは……。

落胆した私たちのもとに間もなく運ばれてきたのは、縁が限りなく薄くのばされた、大きなしゅうまいだった。そのひらひらとした縁は、ハナビラタケ、あるいはかつてヨーロッパで流行したラフカラー（襞襟）のようで、白く透き通った生地が中の具を優しく包んでいる。ああ、なんとロマンチックなしゅうまいだろう。その後も、見かけるたびにこのロマンチックしゅうまいを食べてみたが、結局のところ、あの刀削麺人形の店のものが一番おいしかったのは皮肉なことである。しかし、どうやったらあんなにひらひらになるのだろう？

その答えは意外にも朝、見つかった。朝市が立ち並ぶ通りで、粉袋が堆く積まれた工房が一軒。中で働く職人の手の動きに吸い寄せられるように扉を開くと、まさにあのひらひらの皮を作っているところだった。取っ手つきの丸い木の塊を、円形にのばした皮の縁にリズムよく押し当て、薄い襞を作ってゆく。そこは皮だけを売る店で、蒸し立てのしゅうまいを食べることは叶わなかったが、私はひらひらの謎が解けただけで満足だった。

魚の形の麺、蜂の巣型の蒸し麺、太巻きのようなくるくる麺、雑穀の粉で搗いたふわふわの餅……。山西の旅を通して、忘れがたい粉物の数々に出会うことができたのだから、旅をした甲斐はあったというものだ。

それにしても、どうしてこんなに手の込んだ料理を考えつくのだろう？　懲りずに作り続けられるのだろう？　自由な発想と、根気と、情熱と。中国という国の厚みに敵うことなど、私には到底無理なのである。

20個分

しゅうまいの皮　20枚

具

玉ねぎ	200g
しょうが	10g
豚薄切り肉	200g
片栗粉	大さじ2
ごま油	10g
酒	10g
魚醤	2g
塩	4g

しょうゆ
酢
からし

具を作る。
玉ねぎは粗く刻み、しょうがはみじん切りにする。
ボウルに入れ、片栗粉をまんべんなくまぶしておく。
豚薄切り肉はよく冷やしておき、包丁で細く刻み、さらに軽く叩く。
別のボウルに入れ、ごま油、酒、魚醤、塩を加えて、しっかりと練る。
白っぽくなり、ねっとりしたら玉ねぎとしょうがを加えて、さっくりと混ぜる。
しゅうまいの皮を手に広げ、具をスプーンなどで15gずつのせる。
親指と人差し指を輪にして包み、具を上から軽く押さえて形を整え、底を平らにする。
オーブンシートまたはキャベツや白菜の外葉を敷いた蒸籠に間をあけて並べる。
ふたをして強火で6分蒸し、金串を刺してみて芯まで熱くなっていたら火を止める。
蒸籠ごと食卓へ運び、しょうゆ、酢、からしなどをつけて食べる。

・豚肉はバラ、もも、肩ロースなど、脂身のある部位と赤身の部位を混ぜて使う。

わんたん

わんたん

台湾で花蓮の街を訪れ、わんたんが名物であることを知る。しかし、わんたんは数ある中国系の粉物料理の中で、私があまり興味を抱いたことのないものだった。限られた旅の食事、もっと何かおもしろい料理があるのではないか……。そう思って通りを歩くと、なるほど、わんたんの店が軒を連ねている。こんなにあるならば、一度くらい挑戦してみよう。

店先では包む人、ゆでる人がひっきりなしの注文に応え、手を動かしている。豚肉が主のもの、えび入りのもの、野菜入りのものがあり、透んだスープに浮かべる他、釜揚げにして唐辛子と花椒がきいた辛いたれをかけるものなど、予想以上の種類の豊富さに心ときめく。ほどなくして運ばれてきたわんたんは、踊り出しそうなほどに生き生き、艶々としている。そして、食べてみると、呆気ないほどにおいしい。私は、突如としてわんたん好きになった。

中国語では雲呑（ワンタン）、餛飩（ホゥントゥン）、扁食（ピェンスー）と様々な呼び名があり、包み方、具、スープなど、それぞれに特徴がある。にわかわんたん愛好家になった私は、台湾や中国の旅でわんたんを見つけると、注文する機会が急に増えたが、なかでも印象的だったのは、西安の清真料理店のわんたんだ。店先の大鍋では、西安独特の十数種の混合香辛料と牛骨を煮込んだスープが湯気を立て、客でごった返す店の一角では、ヴェールを被った女性が皮に肉だねをのせ、せっせと包んでいる。丼いっぱいのわんたんは見たことのない珍しい形で、スープが注がれた瞬間、クミンや茴香（ういきょう）の香りが立ち上る。イスラム文化が交錯する、西安ならではの味だった。

ところで、ここ数年、台湾の友と“茶と料理”というテーマで、世界のあちこちで茶と料理の会を催している。茶人の友が選ぶ茶は、喫するためのものであると同時に料理の素材となる。茶葉、湯を通して生まれる液体、茶殻。料理に茶を殺さずして生かすのは容易ではないが、私たち自身も驚くような発見が毎回あっておもしろい。その流れで作るようになった“茶わんたん”。茶葉は烏龍茶、普洱茶、岩茶など、それぞれにおいしいが、食材の複雑な風味に埋もれず、食べても雑味のない質の良さが求められる。茶葉を刻み込んだたねを包み、ゆで、小さな茶碗に盛る。熱いスープをかけてひと口、茶を注いでまたひと口。一気に茶の魔法がかかる。

わんたんを好きになってよかった。いまさらながら、しみじみと感じている。

24個分

中国茶葉　4g
熱湯　200g（1回につき）

わんたん
わんたんの皮　24枚
豚薄切り肉　100g
茶殻　10g
しょうが　10g
鶏油（p.181）または米油　10g
塩　2つまみ
茶（液体）　20g

スープ
鶏スープ（下記）　500g
茶（液体）　100g

中国茶を淹れる。
やかんに湯を沸かし、茶壺や蓋碗を温め、茶葉を入れる。よく沸いた熱湯を注いで30秒ほどおいたら、温めた茶杯に注ぎ、一煎目は飲む。
二煎目を肉だね用に20g取りおく。
もう一、二煎ほど淹れ、開いてやわらかくなった茶葉（茶殻）を肉だね用に10g取り出して細かく刻む。
わんたんを作る。
豚肉は刻み、軽く叩いてボウルに入れ、刻んだ茶殻、しょうがのすりおろし、油、塩を入れて練り、取りおいた茶（液体）を加えてさらに練る。
わんたんの皮の中心に、等分したたねと茎を除いた茶殻を1枚のせる。
端に水をつけて半分に折り、空気を抜くようにして閉じる。
くっつかないようにざるなどの上に広げておく。
湯をたっぷりと沸かしてわんたんを入れる。
鶏スープは熱々にして、塩で味をととのえる。
改めてやかんに湯を沸かし、碗に注ぐ茶を淹れる準備をする。
わんたんの湯が再沸騰してから2分ほどたったら、湯を切って温めた碗にわんたんを盛る。
熱々のスープをひたひたにかけ、食卓で熱々の茶を注ぐ。

・たねの豚肉は鶏ひき肉や白身魚にかえてもよい。
・中国茶は烏龍茶、岩茶、緑茶など、上質な茶葉であればどんなものでもおいしく作れる。わんたんに使う場合は、4gの茶葉を200gの熱湯で淹れるのが目安だが、茶葉により量は調整する。中国茶専用の道具がない場合は、急須や、ピッチャーあるいは湯呑みにふたをして使うとよい。
・鶏スープのかわりにはゆで鶏の汁（p.181）や中華だしを使ってもおいしい。

鶏スープ

作りやすい分量

鶏がら　2羽分
香味野菜　たっぷり
（ねぎ、にんにく、しょうが、玉ねぎ、セロリ、エシャロット、香菜の根など）
塩

鶏がらはよく洗って脂や血の塊を除き、一旦ゆでこぼす。
鍋に戻し入れ、香味野菜をざく切りにして加える。
水をたっぷりかぶるくらい注ぎ、強火にかける。
沸いたらあくを取って弱火にし、さらにあくを取りながら、旨みが出るまで2時間ほど煮る。
目の細かい網で濾し、好みで塩をする。

・残ったら小分けにして、冷凍保存する。

酢豚

酢豚

母の酢豚が好きだった。酢がしっかりきいて、甘みはあっさりとしている。薄切り肉を巻いたものと、玉ねぎ、にんじん、ピーマン、干ししいたけ、たけのこ。野菜が肉の何倍も入る、野菜が主役の酢豚だ。角切り肉で作る日もあったが、薄切り肉をくるくると巻いて揚げると、やわらかくて食べやすかった。肉の形一つで料理の印象が変わるということを、私は母の酢豚から学んだ。玉ねぎとにんじんは、食感が残るくらいにゆでる。少し半生に煮えた玉ねぎが格別好きで、玉ねぎだけをこっそり抜き出して食べた。豚肉は、私からすれば野菜をおいしく食べるための脇役にすぎなかった。だから、自分で作る酢豚には、玉ねぎをたくさん入れる。

父が転勤族だった頃は、母と兄と私、兄が独立してからは、父と母と私の、三人ずつの夕飯が多かった。それでも、母の酢豚はいつも大家族で食べるかのように、大皿にこんもりと盛られていた。だから私も、酢豚を作る時は大皿いっぱいに作る。

大人になり、中国料理店で黒酢で作る、豚肉だけの酢豚を食べて驚いた。酢豚はその名の通り、肉料理だったのだ。黒酢のまろやかな酸味と自然な甘さは、たしかに、豚肉をよく引き立てる。でも、野菜が不在の酢豚は、なんだか寂しい。

ところで、私が好きな赤い食べものが三つある。トマト、赤玉ねぎ、梅干し。一つでも、二つでも、また三つ組み合わせてもいい。一年中手に入るが、たくさん食べたくなるのは夏。赤玉ねぎの甘さにトマトと梅干しの酸味、どれも豚肉に合うものばかり、これで酢豚を作ってみよう。豚肉には薄切りの野菜を入れてくるくると巻く。中に巻き込んだ野菜は、揚げても肉の中でしゃきしゃきとした食感が残るのがいい。

季節が変われば秋には秋の、冬には冬の、春には春の酢豚があるだろう。具がなすだけのなす酢豚、しいたけだけのしいたけ酢豚、ねぎだけのねぎ酢豚……。たれの味つけも使う素材によって変える、四季の酢豚。定番に四季を盛り込むのは、なんとも楽しいものである。

豚肩ロースしゃぶしゃぶ用肉　8枚
赤玉ねぎ　2個
好みの野菜　約160g(正味)
米油　40g
塩
片栗粉
揚げ油(米油、菜種油など)

たれ
トマト(完熟)　200g
しょうが　5g
にんにく　5g
梅干し　15g(正味)
酢　20g
しょうゆ　20g
ごま油　20g
片栗粉　小さじ1

中に巻く好みの野菜は、豚肉の幅に合わせた長さに切り、さらに火がほどよく通るように切る。
豚肉を広げて野菜をのせ、端から出ないように手前からきつく巻く。
片栗粉をたっぷりとまぶし、手で軽くにぎって形を整える。
赤玉ねぎは縦半分に切り、切り口を下にして置く。
くし形になるように途中まで切り込みを入れる。
切った分だけはがし、手でばらす。
同じことを繰り返し、すべてが同じくらいの大きさになるようにする。
たれを作る。
トマトは皮とへたを除き、すりおろしてボウルに入れる。
しょうがとにんにくのすりおろし、刻んだ梅肉、酢、しょうゆ、ごま油、片栗粉を加えてよく混ぜておく。
鍋に揚げ油を入れて中火にかけ、熱くなったら巻いた豚肉を揚げる。
表面が固まるまでは触らず、下の面がかりっとしたら裏返す。
全体が固まったら網に取って油を切る。
供する前に油を中強火で熱して二度揚げし、こんがりしたら網に取って油を切る。
中華鍋を強火で熱して米油を引き、赤玉ねぎを炒める。
少し歯ごたえが残るくらいに火を通したら、よく混ぜたたれを加える。
大きく混ぜながら煮立て、揚げた豚肉を入れてよくからめ、塩味をととのえて器に盛る。

・中に巻く野菜は、パプリカ、にんじん、なす、玉ねぎ、セロリ、オクラ、さやいんげんなど。トマトと相性のよいものであれば、1種でも、数種混ぜてもよい。
・完熟トマトがない時には、水煮を使ってもよい。私は、夏の間に完熟トマトを丸のまま冷凍しておく。水で洗えば皮がするりとむけ、また火を通すととろりと煮えるので、たれやソース、スープ作りに重宝する。

ゆで鶏

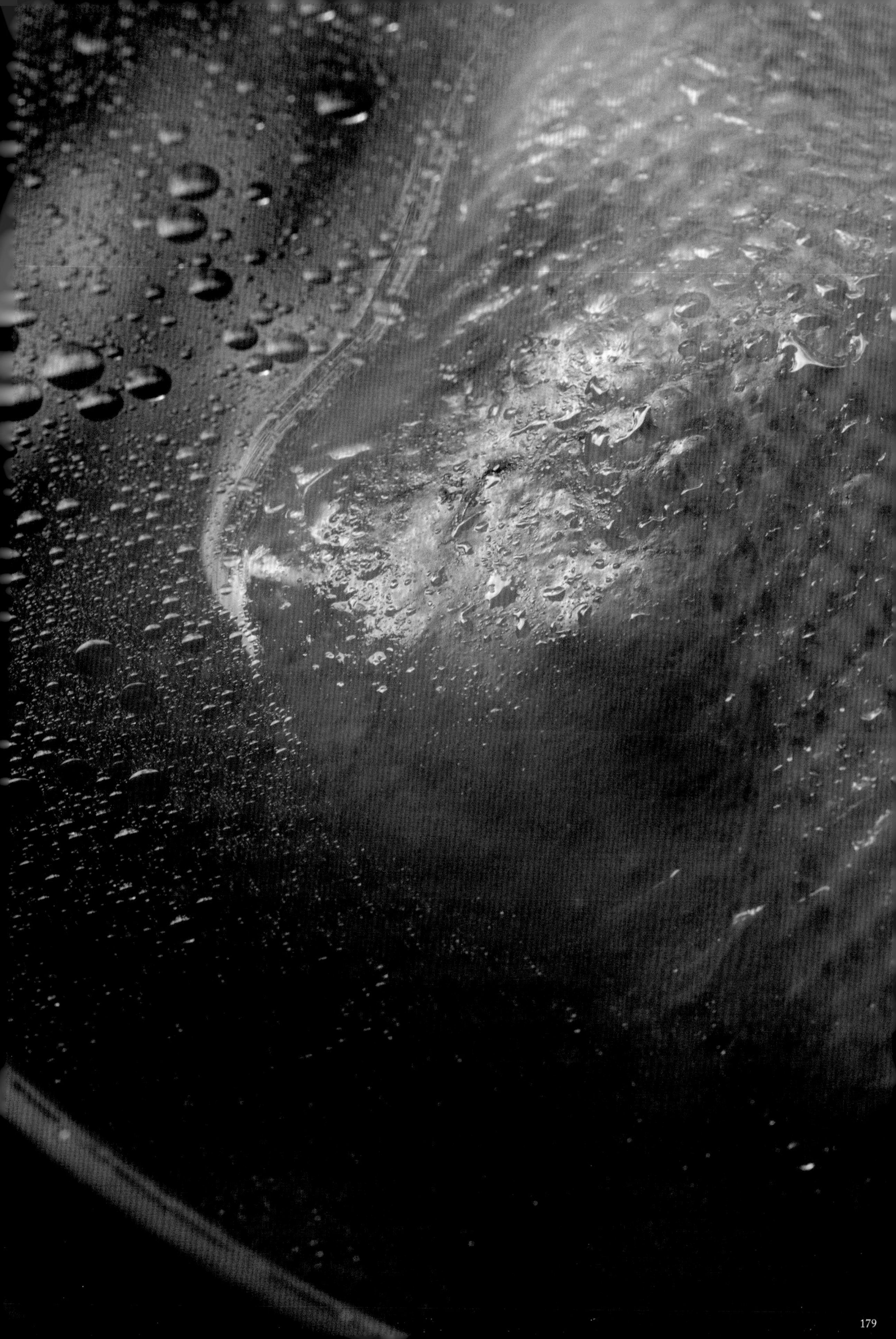

ゆで鶏

台北に“おじさんの店”と呼ぶ食堂があった。ある時、友人が「もうほとんどなくなってしまった、昔ながらの料理を出す店だよ」と連れて行ってくれて以来、台北へ行くたびに、必ず訪れた。しかし、風の噂で、おじさんが店を閉じたと聞いた。胸の奥がぐっと締めつけられ、言葉が見つからない。大切なものをなくした時は、いつも同じだ。

店にはちゃんと名前があったが、看板はない。路地に面した簡素な厨房で炎を上げて料理をする、Tシャツと短パン姿のおじさんが看板がわりだ。店に入るとまず、入口近くの冷蔵庫を覗き、食べたいものを指差す。すると、おじさんは、これはあの料理、あれはこの料理と伝票に書き込み、厨房へ向かう。ごうごうとうなる炎に包まれた中華鍋に刻んだ野菜を放り込むと、謎の液体を注ぎ、ふたをする。ひと呼吸おき、大きく鍋を煽り、皿に盛る。湯気の立つ料理と争うように大急ぎで席に座ると、まず運ばれてくるのが、大鉢に盛られた豚骨と大根のスープだ。これは、頼まなくても必ず出てくる。ごはんは炊飯器から自分でよそう。ビールやお茶はコップを勝手に並べて注ぐ。おかずはごはんにのせて食べるから、取り皿はない。円卓の上は、次々と運ばれてくる料理であっという間にいっぱいになる。ごはんとおかずとスープの永遠のループ。

頼むものはだいたい決まっていた。まずは、ゆで鶏。台湾の鶏肉はゆでてもなお、まだ生きているかのような躍動感がある。艶々の皮で覆われた、むちむちとした骨つき肉をぶつ切りにし、ねぎと生の赤唐辛子を刻み入れた濃いしょうゆにつけて食べるのが台湾式だ。あとは、はまぐりとへちまのスープ、季節の青菜炒めをいろいろ。どちらも味わってみると、ほのかに独特のこくがある。鶏の旨みだ。あの謎の液体は、鶏のゆで汁だったのか。おじさんは見事にそれをあやつって、料理に魔法をかけていたのだ。

肉はもちろん、副産物であるゆで汁までも、最大限に味わうことのできるゆで鶏の偉大さを思い知る。しかし、家で作ってみると、台湾と日本の鶏は肉質が違うせいか、どうにも満足のゆくものができない。いろいろと苦戦した末、思いついたのが電鍋方式で、湯煎で火を通すことだった。肉はしっとり、汁は透明。何もしていないのに、こんなにおいしいなんてうれしい。丸鶏をゆでるのが俄然楽しくなる。汁は、おじさんに倣ってスープや青菜炒めに使うと、ぐん、と店の味に近づく。

おじさんに教えてもらったことは数え切れない。「また来るね」と言ったのに。「またおいで」と言ってくれたのに。あの料理を食べられる日は、もう来ないのだろうか。

丸鶏　1羽
香味野菜　たっぷり
（ねぎ、にんにく、しょうが、玉ねぎ、
セロリ、香菜の根など）
酒　50g

丸鶏は流水で洗い、脂や血の塊をていねいに除く。
ボウルまたは鍋に入れ、お腹の中やまわりに香味野菜のぶつ切りを
入れる。
鶏を入れた容器を、さらにひとまわり大きな鍋に入れる。
大きな鍋の方に水を注ぎ、鶏の方に酒と鶏が浸るくらいの熱湯を注ぐ。
強火にかけ、湯煎の湯が煮立ってきたら、吹きこぼれない程度に
火を弱め、ふたをして煮る。
ぐつぐつと大きな音がしても、湯煎で優しく煮えるので
身がかたくならず、あくもほとんど出ない。
身の厚いところに金串を刺して熱くなっていたら、火を止める。
しばらくおき、肉汁が落ち着いてから切り分ける。

・熱いうちに熱い汁とともに取り分けて食べる。残ったら、濾した汁に塩を少し加え混ぜたところに浸して冷蔵庫で保存する。冷えた鶏肉は、冷菜にしたり、麺の具などにする。
・私は、ゆでたての鶏肉は白髪ねぎと共に、ごま油と塩で食べるのが好きだ。韓国風にすりごまを加えたり、台湾風にねぎと生の赤唐辛子を刻んで混ぜた薬味じょうゆにつけるのもおいしい。

鶏油の作り方……鶏の脂や余分な皮をねぎ、しょうが、にんにくと共に小さな器に入れ、30分ほど蒸す。すると香りと旨みのある鶏油ができる。量が少ない時は、蒸している間に干からびてしまわないよう、米油をひたひたに加えてから蒸すとよい。炒め物、炒飯などに使うとこくが出る。

油淋鶏

油淋鶏

中国で初めて油淋鶏（ユーリンチー）を食べたのは、雲南省の小高い山の上の食堂だった。土間の厨房で高々と炎を上げる料理人。床に座り込んで延々と青菜の掃除をする給仕人。そして、厨房と客席の間には簡素な棚があり、中には材料が入ったざるやボウルが所狭しと並べられている。

これと、それと、あれが食べたい。身振り手振りで伝えると、料理人は献立を瞬時に考え、調理法も味つけも重ならないように料理してくれる。この“指差し式注文”は雲南の多くの食堂でかなう。いろいろな店に通ううち、たとえば“トマトには卵”など、中国料理では決まった素材の組み合わせがあることがわかった。提案とは別の組み合わせで食べたいと思うことも少なくはないが、中国語を解さなくても、気になる食材を最良の方法で料理してもらえるのはとてもうれしい。

その日は、半身のゆで鶏ととうふ、そして、茴香（ういきょう）の葉を指差した。ほどなくして運ばれてきたのは、ゆで鶏を揚げて作った油淋鶏、とうふとミントのスープ、そして茴香の葉の塩炒めだった。ただでさえ身の締まった中国の鶏は、ゆでてから揚げるとさらに噛みごたえがあり、私が慣れ親しんでいた油淋鶏とはまったくの別物だった。

当たり前に思っていることが覆されると驚く。しかし、だからこそ、旅先で土地の料理を食べるのはいつも刺激的だ。旅のお土産は料理、と決めている。あの味をどう再現しよう？　食材を変えたらどうなるだろう？　旅を反芻しながら、記憶の新しいうちに料理をする。共に旅をしなかった人に多くを語らずとも、料理は言葉以上に雄弁だ。そして、時を経て、旅の料理は少しずつ自分の料理になってゆく。

私の油淋鶏は、鶏肉を食べごたえがあるように大きく切り分け、赤みそで下味をつける。そして、野菜がとにかく好きなので、季節の野菜も一緒にたくさん食べられるように作る。雲南で食べた油淋鶏にはほど遠いが、家族の数だけ料理があってよいのだと思う。

鶏むね、もも肉　合わせて400g
パプリカ　2個
赤みそ　10g
酒　5g
卵　1/2個
片栗粉
揚げ油(米油、菜種油など)

たれ
パプリカ　100g
赤玉ねぎ　80g
しょうが　20g
酢　20g
しょうゆ　40g
生赤唐辛子の油漬け(下記)　20〜40g
ごま油　10g

鶏肉は脂と筋を除いて大きめに切り、みそ、酒、卵を混ぜてまぶす。
具のパプリカはへたを取り、縦半分に切って種を取り、
大きく切り分ける。
たれを作る。
パプリカと赤玉ねぎは小さなさいの目に切り、しょうがはみじん切りにし、他の材料と合わせておく。
鶏肉の汁気を切り、片栗粉をまんべんなくまぶす。
鍋に揚げ油を入れて中火にかけ、熱くなったらパプリカを入れて揚げる。
ほんのりと色づいたら、網に取って油を切る。
一旦火を止めて、鶏肉を互いがくっつかないだけの量を入れる。
中弱火にかけ、しばらく触らないように揚げ、下の面がかたくなったら裏返す。
衣全体がかたくなったら、色づかないうちに網に取る。
数分おいて余熱で火を通し、供する前に中強火で熱した揚げ油で二度揚げする。
全体がきつね色になるまで揚げ、網に取って油を切る。
器にパプリカと鶏肉を盛り、たれをよく混ぜてかける。

・鶏肉の皮は外して鶏油(p.181)に使ってもよい。
・鶏肉の下味に赤みそを使うと、香りとこくが出る。
・野菜は季節により、好みのものを使う。生でも揚げてもおいしい野菜であればどんなものでもよく、揚げる野菜とたれの野菜を変えてもよい。
・たれの赤玉ねぎは、ねぎや新玉ねぎでもよい。
・隠し味に黒砂糖を入れて、甘酸っぱくしてもおいしい。

生赤唐辛子の油漬けの作り方……生赤唐辛子のへたを取って小口切りにして瓶に入れ、米油をたっぷりかぶるくらい注いで冷蔵保存する。生の赤唐辛子には、乾燥のものにはない独特の風味があるので、唐辛子の採れる時期に作り置きし、油淋鶏をはじめとした様々な料理に使っている。

魯肉飯

魯肉飯

八月の台南の大通り。昼時に、客が群がる小さな屋台を見つける。使い込まれた大鍋には、小さく刻んだ豚肉とゆで卵が茶色い汁で煮込まれ、渾然一体となっている。店主は慣れた手つきで茶碗にごはんを盛り、鍋の中身をすくってかけてくれる。暑さと熱さでしんなりとした、香菜がうら悲しい。“魯肉飯”（ルーローハン）、台湾といえば、真っ先に浮かぶ料理の一つだ。真夏の台南のねっとり肌にからむような湿度と、五香粉の独特の匂い、そして米粒を覆う肉の脂が、私の体に重くのしかかる。その後、何度も台湾を訪れたが、自ら魯肉飯に手を出すことはなかった。

そして、初めての来台から月日が流れ、ついに魯肉飯と友好的な再会を果たすことになる。台北でいつもおいしいものを食べに連れ出してくれる友が、「今夜は骨董屋の友人が料理を振る舞ってくれるから行きましょう」と誘ってくれた。台湾の家庭料理が垣間見られるとは、なんという幸福。喜び勇んで友の後をついて行くと、着いたのは骨董街の一角に佇む、仏像や大きな壺が並ぶ店だった。古いものが好きな私は、長らく入ってみたいと思いながらも、その荘厳な品揃えがおそれ多く、ガラス越しに眺めては通り過ぎていた。驚いて中に入ると、すでに赤ら顔の男たちがテーブルを囲んでいる。席に着くなり酒盃を手渡され、五十度以上もある高麗酒をなみなみと注がれる。主は意気揚々と「ホッタラー！」（一気！）と叫んだと思ったらひと息にあおり、私にも「ホッタラー！！」と勧めてくる。強い蒸留酒が飲めない私は、飲んだふりをして愛想笑いをし、やり過ごすしかない。その夜、「ホッタラー！」の掛け声は止むことなく、宴席は笑いの渦に包まれ、私は夢見心地で過ごした。

合間に、奥の台所からは次々に料理が運ばれてくる。そして、最後に登場したのが、魯肉飯だった。艶々に煮えた様はいかにも食欲をそそるが、ふと、あの台南の思い出に怯む。しかし、鼻を近づけても五香粉の香りはしない。聞けば、肉と、エシャロットとにんにく、そして調味料だけを煮たもので、五香粉は入っていないという。ごはんにかけ、香菜をのせてひと口頬張る。ああ、これならばいくらでも食べられる。

あれから何度となく魯肉飯を作った。そのたびに、頭の中でこだまする「ホッタラー！」。台湾の友の優しさと、大らかさが走馬灯のように駆け巡る。愛しい国、台湾。そこで暮らす人たちが愛する料理を、私も好きになれてよかった。

作りやすい分量

豚バラ塊肉	400g
赤玉ねぎ	200g
にんにく	2かけ
氷砂糖	50g
米焼酎または酒	50g
しょうゆ	200g
水	400g

ごはん
香菜

豚バラ肉は脂身と肉が層になっている部分とに分け、
小さなさいの目に切る。
赤玉ねぎは粗く刻み、にんにくは皮ごとつぶす。
鍋を中火で熱し、脂身を入れて炒める。
時々混ぜながら、全体にうっすらと焼き色がつくまで炒め、
脂が溶け出してきたらざるで濾して除く。
脂身を鍋に戻し入れ、層になった部分、赤玉ねぎ、にんにくを加えて炒める。
肉がこんがりとしたら米焼酎または酒を加えて火を強め、
アルコールを飛ばす。
分量の水を注いであくを引き、氷砂糖としょうゆを加える。
そのまま鍋ごと強火にかけた蒸籠に入れて蒸す。
あるいは、ひとまわり大きな鍋に湯を沸かし、肉の入った鍋を浮かべて湯がこぼれないよう火加減をしながら、湯煎で1時間ほど煮る。
火を止めてしばらくおき、味をなじませてから、再び温める。
ごはんに汁ごとかけ、香菜のざく切りを散らす。

・濾した後の脂は、ラードとして他の料理に使う。
・肉が煮えたら、ゆで卵を入れて軽く煮るとおいしい。他に、たけのこや厚揚げ、甘長唐辛子を煮汁で煮るのもよい。

獅子頭鍋

獅子頭鍋

世界にはいろいろな肉団子がある。私が出会っただけでも、イタリアのポルペッティーネ、モロッコのケフタ、トルコのキョフテ、中国の肉丸（ロウワン）。肉の種類、味つけや料理の仕方もそれぞれだが、どれも肉の切れ端をおいしく食べたいという、庶民的な発想から生まれたものだろう。

私は幼い時、子どもがいかにも好きそうな料理が得意ではなかった。肉団子も例外ではなく、「肉団子って、こんなにおいしいものだったんだ」と初めて思ったのは、シチリアで滞在先のお母さんが作ってくれたポルペッティーネのトマト煮だった。仔牛のひき肉にゆでてつぶしたじゃがいもを混ぜ、トマトソースとバジリコで煮る。優しい、優しい味がした。シチリアの肉団子といえば、忘れられない料理がもう一つある。“アグロドルチェのポルペッティーネ”（＝甘酸っぱい肉団子）だ。赤玉ねぎやパプリカなどを小さく刻み、干しぶどうや松の実と一緒に砂糖とビネガーで甘酸っぱく炒めたソースが、揚げた肉団子にからんでいる。中華の甘酢あんかけの肉団子とはまったく違う、独特のキレのある甘酸っぱさに一瞬で虜になった。

マラケシュで友人が作ってくれたのは、タジンで作る肉団子だった。香菜とスパイスで香りづけしたトマトソースで小さな肉団子を煮込み、卵を落として半熟の黄身をつぶしながら食べる。雲南の食堂の“ミント肉団子”も秀逸だ。唐辛子とミントを混ぜた粗びきの豚肉団子をこれ以上ないくらいかりかりに揚げ、ミントの葉の素揚げと食べるという、なんとも粋な料理だった。肉の切れ端もこうなればもはや立派なご馳走だ。

中国・揚州の名物である獅子頭（シーズトウ）は、肉団子としてはとても大きいのが特徴で、肉だねを大きく丸めて揚げ、土鍋でじっくり煮込む、手間のかかった料理だ。唐代の料理人が宴席で振る舞ったという言い伝えがあるが、庶民の日々の食事でさえ手間を厭わない中国人のことだから、宴会料理となれば手が込んでいるのも当然だろう。

私流の獅子頭は、魚であったり、あるいは豚肉や鶏肉だったり、その日の気分で作るが、油通しをするかわりに片栗粉をまぶしてゆで、まわりをつるりと固めてからだしで煮る。セロリや香菜など、香りの濃い野菜を肉だねに刻み込んだり、酢をきかせたたれにして、さっぱりと食べるのが気に入っている。

土鍋のふたを開けた時に大きな団子が顔を出す様は、いつも変わることなくのどかだ。それを見つめる私は思わず、団子のような笑顔を浮かべているに違いない。

獅子頭
白身魚　200g(正味)
セロリ　80g
ねぎ　40g
木綿どうふ　40g
ゆず塩(下記)　20g
片栗粉

汁
昆布といりこのだし　800g
酒　20g
塩

緑のたれ
セロリ　50g
ねぎ　50g
ゆずの搾り汁　10g
米油　10g
青唐辛子酢(p.197)　10g
塩

緑の油
セロリの葉　20g
米油　40g
塩

仕上げ
セロリの葉　1つかみ

獅子頭を作る。
白身魚は皮や骨があれば除き、粗く刻む。
セロリとねぎは粗みじん切りにする。
木綿どうふはペーパータオルを重ねて包み、しっかりと水切りする。
白身魚と野菜、とうふ、細かく刻んだゆず塩を入れ、
粘りが出るまでよく混ぜ、冷やしておく。
4等分して空気を抜くようにして丸い形にし、片栗粉をまぶす。
湯を沸かし、形を崩さないように入れて中弱火で10分ほどゆでる。
汁を作る。
土鍋にだし、酒、塩を入れて煮立て、塩味をととのえる。
獅子頭の表面が固まったら、中はまだ半生でよいので、
そっとすくって土鍋に移す。
ふたをして、供する10分ほど前から弱火で温め始める。
緑のたれを作る。
セロリとねぎは小口切りにし、その他の材料と和える。
緑の油を作る。
セロリの葉はざく切りにし、塩、米油と共にミキサーでなめらかに
攪拌する。
獅子頭が焦げないよう、土鍋の汁が煮立ったらすぐに火を止める。
仕上げにセロリの葉の細かいみじん切りを獅子頭の上に散らす。
土鍋ごと食卓に運び、めいめいの器に獅子頭と汁を盛り、
緑のたれと緑の油をかけて食べる。

・獅子頭は鶏または豚のひき肉、ゆず塩のかわりに腐乳やみそ、だしは中華だし、セロリのかわりに香菜、パセリ、春菊、クレソンで作ってもおいしい。
・緑の油は冷蔵保存しておくと味がこなれてくる。鍋物のたれや和え麺などに使う。

ゆず塩

ゆず
塩　ゆずの重さの20%

ゆずは水平に半分に切り、取れる種は除く。
ゆずの重さをはかり、その20%の塩を用意する。
煮沸殺菌した瓶に塩とゆずを交互に重ねて詰め、最後は塩で終え、
ふたをする。
時々瓶をふり、水分が上がってきたら冷蔵庫で保存する。

・1年ほどおいて熟成させてもおいしい。
・熟成させたものは、ていねいに種を除いてペーストにしておくと重宝する。

酸辣湯

酸辣湯

中国や台湾の食堂で、現地の人たちが食卓を囲んでいる様子を見るのが好きだ。お行儀が悪いのはわかっているが、皆が何を食べているのか、どんな風に食べているのか、興味津々である。

少人数であれ、大人数であれ、皆たくさんのおかずを注文し、食卓の上には所狭しと皿が並んでいる。その真ん中に、大きな鉢や鍋が置かれていることがよくある。地元の人だけが食べる、何か特別な料理だろうか？と思い、遠くからそっと覗くと、中身はなみなみと注がれたスープだった。たっぷりの汁に、その土地ならでは、その季節ならではの具材が入ったスープ。

日本の中華料理店では、スープは小さな碗に注がれて出てくるのがほとんどなので、その存在感に驚く。さらに観察をしてみると、中国や台湾の人たちは食事中にあまり飲み物を飲まないことに気づく。そう考えると、スープは食事中、欠くことのできない水分なのかもしれない。

中国のスープといえば思い出すのが、雲南の旅である。ゆがいたからし菜だけのスープ。茴香(ういきょう)の葉のスープ。そして、なかでも忘れられないのは、とうふとミントのスープだ。鶏のだしの中で、少しかためのとうふと大量のミントの枝が泳いでいて、食べると口の中が一気に爽やかになる。中国料理の奥深さを思い知ったひと皿だった。

幼い頃、中華料理店のスープといえば、コーンスープやわんたんスープくらいだったが、いつの頃からか“酸辣湯”（サンラータン）という名前を献立に見つけることが増えた。その名の通り、酸っぱくて辛いスープ。片栗粉でとろみをつけてあるので、私はどちらかといえば寒い時期に食べたくなる。

では、夏には夏の酸辣湯を作ってみたらどうだろう？　すぐに、翡翠色の酸辣湯が頭に浮かんだ。暑い時期、私は様々な緑の野菜を組み合わせ、色で料理に涼を盛り込む。また、夏の料理に一役も二役も買ってくれる、唐辛子とミントも欠かさず庭先に植えるようにしている。これらを結んで一つの料理にしてみよう。

一面に浮かぶ透き通った緑と、口に入れた時に弾ける涼しげな香り。ほんの束の間でも、夏のけだるさを忘れさせてくれる、そんなスープになったらうれしい。

きゅうり　2本
ピーマン　2個
青唐辛子の酢漬け（下記）　好みの量
青唐辛子の油漬け（下記）　好みの量
新しょうが　1かけ
中華だし、鶏スープ（p.173）など　800g
酢
酒
塩
ミント

きゅうりはへたを除き、ピーマンはへたと種を取り、輪切りにする。
新しょうがはすりおろしてひたひたの酢をかけ、めいめいの器に入れる。
青唐辛子の酢漬けと油漬けは、それぞれ好みの量を加える。
中華だしや鶏スープを鍋に入れ、酒と塩を加えて強火で煮立てる。
あくを引き、きゅうりとピーマンを入れ、再沸騰したらすぐに火を止める。
器に盛り、各自、好みでミントの葉をちぎって加える。

・ミントはペパーミントまたはスペアミントがよい。

青唐辛子の酢漬けの作り方……青唐辛子はへたを取り、小口切りにして瓶に入れ、酢をかぶるくらい注いで数日おき、色が褪せたら使う。酢が減ってきたら、またかぶるくらい足しておけば、冷蔵庫で1年はもつ。丸のまま漬けるとほんのりとした辛みが、小口切りにして漬けるとしっかりとした辛みが出る。
青唐辛子の油漬けの作り方……上記酢漬けと同じ要領で、米油や太白ごま油など、香りの少ない油に漬ける。

炒飯

炒飯

週末の遅い朝、台所から漂う香ばしい香りと共に、母が「ごはんよ〜」と叫ぶ声が聞こえると、嫌な予感がしたものだった。「きょうは何？」、「炒飯よ〜」、「・・・・」。

起きて最初のごはんが炒飯というのは、気が重かった。１週間のうちに積もり積もった冷凍ごはんを、炒飯に変身させなければならない台所事情がわからないわけではない。しかし、朝から炒飯というのはさすがに胸に詰まる。

私は炊きたて熱々のごはんが何よりも好きなので、なるべくごはんが余らないように、その日に食べ切れる量を慎重に考えて炊くようにしている。それでも、きっかりなくなることは珍しい。そうやって余ったごはんは、あてどなく冷凍庫へ……。

少しずつ冷凍庫にたまったごはんが気になり始めたある日、辛いもの好きの娘が辛い炒飯を食べたいと言い出した。冷蔵庫には、昨夜インド料理を作った時に残った、緑のチャツネがある。インドで友人のお母さんに習ったレシピで、にんにく、青唐辛子、塩、コリアンダー、ミント、バジリコなどのハーブを石臼ですりつぶして作る。カレーやサブジと一緒にごはんに混ぜると、ハーブの香りと青唐辛子の辛味でぐっと食欲が増す、魔法の緑色のペーストだ。夏から秋にかけて畑を青々と彩る香りのものを摘み、うちでは石臼のかわりに、軽くひびが入ってしまった韓国の石鍋ですりつぶして作る。機械で作るよりも断然気分がいい。

このチャツネを入れて炒飯を作ったら、辛味がつくのはもちろんのこと、爽やかな香りでさっぱり食べられる。ゆで鶏などを作った時の副産物、鶏油でごはんを炒めれば、焼き豚やベーコンが入らなくても旨みがつき、さらに米粒にも艶が出て、あるものでいいことづくめだ。

鈴虫が鳴く頃、畑のバジリコには白い花が咲き出す。熱々の炒飯にバジリコの花を散らすと、秋は間近。料理と共に、季節は巡り、季節と共に、料理は巡ってゆく。

ごはん	茶碗4膳分
鶏油(p.181)	大さじ4
塩	

緑のチャツネ

ハーブ	20g
にんにく	1かけ
青唐辛子	2〜4本
塩	小さじ1/4

ごはんは、冷やごはんの場合は熱々になるまで蒸しておく。
緑のチャツネを作る。
すり鉢に皮と芯を除いたにんにく、細かく刻んだ青唐辛子、塩を入れてなめらかにすりつぶす。
ハーブの葉を加え、さらになめらかになるまですりつぶす。
フライパンを中火でしっかりと温めて鶏油を引き、熱々のごはんを入れる。
へらで絶えず切るように混ぜながら炒め、全体がぱらりとしたら
緑のチャツネを加える。
さらに切るようにして炒め、全体になじんだら塩味をととのえ、
火を止める。
器に盛り、粗塩をふる。

・鶏油がなければ、米油や菜種油を使う。
・ハーブはバジリコ、コリアンダー、ミントなど。コリアンダーの場合は茎や根も刻んで入れる。
・ふんわりと炒めた卵を上にのせてもおいしい。

ラーメン

ラーメン

外でラーメンを食べると、具が入っていなければいいのに、といつも思う。チャーシューもねぎもいらない。麺と汁、それだけでいい。そばはもりそば、パスタはオイルとチーズだけ、あるいはトマトソースだけ。しばしば、具は蛇足である。

ある日、熊本から車で一時間ほどの街へ小旅行に出かけた。ちょうど昼時、飲食店が建ち並ぶ小さな通りに“中華うどん”と書かれたのぼり旗を見つけた。店はうどん屋のようだから、中華風のスープで食べるうどんだろうか。興味をひかれて入ってみると、うどんのだしで食べる中華麺だということが判明した。豚骨を長時間煮込んで作る、とりわけ濃厚なスープが特徴のラーメンが有名な街で、あっさりしただしの中華麺が受けるのだろうかと不思議に思ったが、たくさんの客が注文しているところをみると、需要はあるらしい。私も、脂の浮かぶこってりしたラーメンは不得手だが、これならばぜひ食べてみたい。迷わず注文すると、運ばれてきた丼の中には、澄んだだしに細い中華麺。上には、ねぎ、紅しょうが、かつおぶし、そして、きくらげと丸天がのっている。賑やかな見た目に反して、食べてみると、だしも麺もすっきりとした喉ごしでするすると入っていく。ああ、これはいいものだなあ、としみじみ。

その後も、尾道で、今度は“中華そば”なるものを見つけた。こちらも同じく和風のだしで食べる中華麺だが、チャーシューが入っているからだろうか、よりラーメン感が強い。それでも、だしの為せるわざだろう、後味が軽いのがうれしい。

世界の様々な国で様々な麺料理を食べてきた。中国やイタリアなど、長い歴史に支えられた豊かな麺文化を前にすると、何かを語ることなどおこがましく感じてしまう。しかし、そもそも料理は文化の交錯を経て豊かになってゆくものだ。雑食の日本人だからこそ生み落とせる料理の名作は少なくないだろうし、私のこのラーメンも、その一端を担うものになればうれしい。

1人分

中華麺　1玉
中華だし（下記）
または昆布といりこのだし　200g
酒　　10g
塩
しょうゆ
ごま油

鍋にだし、酒、塩を入れて沸かす。
あくを引き、塩味をととのえる。
たっぷりの湯を沸かし、中華麺をほぐして入れてかためにゆでる。
湯をしっかりと切って温めた器に盛る。
汁を煮立ててしょうゆをほんの数滴加え混ぜ、麺の上に注ぐ。
ごま油をまわしかける。

・麺と、だしだけ。旨みのしっかり出ただしに、ごま油が入るだけで、れっきとしたラーメンになる。

中華だし

作りやすい分量

いりこ　10g
干しえび　5g
昆布　10g
水　1000g

鍋に頭をつけたままのいりこ、熱湯でさっと洗った干しえびを入れる。
弱火にかけ、濃い香りがしてきたら火を止め、昆布と水を加える。
一晩冷蔵庫に入れて浸し、濾す。

・急ぐ場合は、いりこは頭とわたを取って半割りにして弱火で煎り、他の材料と共に鍋に入れて、弱火にかけて煮出す。
・好みでねぎ、にんにく、しょうがなどの香味野菜を加えてもよい。
・水だしの場合は、濾した後の具材にかぶるくらいの水を注ぎ、弱火で煮出すと二番だしがとれる。風味は薄いが、料理に旨みのある水分を足したい時や鍋物などに活躍する。

日々、自分の中から泉のように溢れ出る料理の数々。
素材が水に触れ、火と戯れ、蒸気に埋もれる様。
色と香りが重なり合い、皿の中で放たれる一瞬の輝き。
本という束ねた紙の中にそれらを閉じ込め、それを開く人の手の中で、
また生き生きとしたものに生まれ変わってくれたら。

そんな思いを込めて作ったのが、"料理集" だ。
素材を選び、料理をし、写真を撮り、自ら食べ、改めてレシピと文を綴る。
食べるための料理を撮るからこそ、映し出せる真実がそこにはある。

料理はある意味、果てしない。
食べれば目の前から消えてしまうのに、人の記憶の中で生き続ける。
私たちが一生のうちに食べる料理のほとんどは、忘れられてしまうのかもしれない。
でも、その中で、くっきりとした輪郭をもって、あるいは、ぼんやりとした幸せな記憶とともに、心と舌に残ってゆくものがあるだろう。

読む人の心を動かし、記憶に刻まれる料理が生まれたら、私はうれしい。

これからも、一生を懸けて "料理集" を綴ってゆきたいと思う。

細川亜衣　Ai Hosokawa

1972年生まれ。料理上手の母の味で育ち、いつしか料理の道を志すようになる。四季、自然、旅、そして人を料理のインスピレーションにして、素材との対話の中で、自分なりの料理を探求し続けている。住まいのある熊本・taishoji（www.taishoji.com）を拠点に、料理教室や料理会を主宰。著書に『イタリア料理の本』、『イタリア料理の本 2』、『パスタの本』、『朝食の本』（アノニマ・スタジオ）、『スープ』『野菜』『果実』（リトルモア）など多数。

Instagram：@hosokawaai

アノニマ・スタジオは、
風や光のささやきに耳をすまし、
暮らしの中の小さな発見を大切にひろい集め、
日々ささやかなよろこびを見つける人と一緒に
本を作ってゆくスタジオです。
遠くに住む友人から届いた手紙のように、
何度も手にとって読み返したくなる本、
その本があるだけで、
自分の部屋があたたかく輝いて思えるような本を。

料理・写真・文　細川亜衣
デザイン　黒田益朗
編集　美濃越かおる
村上妃佐子（アノニマ・スタジオ）

製版設計　栗原哲朗（図書印刷）
印刷進行　藤川周子（図書印刷）

協力　出野尚子
井上千鶴
白木世志一
平山千晶
細川 椿

料理集　定番
2021年3月29日　初版第1刷発行

著　者　細川亜衣
発行人　前田哲次
編集人　谷口博文

アノニマ・スタジオ
〒111-0051 東京都台東区蔵前2-14-14 2F
TEL.03-6699-1064　FAX.03-6699-1070

発　行　KTC中央出版
〒111-0051 東京都台東区蔵前2-14-14 2F

印　刷　図書印刷株式会社

内容に関するお問い合わせ、ご注文などはすべて上記アノニマ・スタジオまでお願いします。
乱丁本、落丁本はお取替えいたします。

定価はカバーに表示してあります。

ISBN978-4-87758-817-5 C2077